アメリカの研究大学・大学院
大学と社会の社会学的研究

矢澤 修次郎・伊藤 毅

編著

東信堂

序章　問題の構造と文脈

問題の所在

　今世界の大学と大学院、およびその教育は、大きな変動のただ中にある。その変動は、言うまでもなく、知識社会化、情報社会化、ネットワーク社会化、グローバル化と呼ばれる大きな社会変動と密接に関連している。大学は、きたるべき社会における中核的な制度として位置づけられており[1]、知識の生産・普及・蓄積・応用に関わり、知識・情報社会に必要な自分自身でプログラムを作りそれに基づいて行動し、さらにはそのプログラムを改変することができるセルフ・プログラマブルな人間[2]を生み出す高等教育機関の質こそが、来るべき社会の質を大きく規定することになるということが、大方のコンセンサスになりつつある。従って、今こそ大学・大学院の量と質を整えることが、どの社会においても焦眉の課題になっているのである。

　このように大学・大学院の改革は、どの国民社会にとっても焦眉の課題の一つであるが、日本もその例外ではありえない。いや日本こそその課題の解決を、しかも早急な課題解決を求められている国民社会の一つである。日本においては、近代化の夜明け以降、「貧人」「下人」になることを避け、「貴人」「富人」になるため、「身を立てるの財本」[3]として学問を修めることが奨励されて

きたが、その学問が行われ、それが教授される大学・大学院が社会と如何なる形で関わるのか、大学・大学院が国民にとっていかなる意味を持つのかに関して、必ずしも十分に議論されてこなかったのではなかろうか。知識社会、情報社会、ネットワーク社会、グローバル社会の到来を前にして、今日の日本は、これまでにも増して、知識の生産、応用、普及、再生産、知識革新の必要性が叫ばれている。この叫びは、近代日本の一つの陥穽の克服を呼びかけ、かつまた新しい社会への周到な備えを訴えるものである。実に様々な文脈において大学・大学院改革の必要性が叫ばれているのは、その具体的な表れに他ならない。

　現在日本の大学・大学院に突きつけられている課題の一端を列挙すれば、次の通りである。主要大学の、大学院中心の大学作り＝大学院重点化、世界的な研究拠点の形成、弁護士、会計士、ビジネスなどの専門職業人養成大学院の創設、大学の国際化、留学生の拡大、中長期的な計画に基づく大学運営、大学経営の推進、大学の自己・外部評価、大学の社会的貢献の推進、魅力的な学部・大学院教育の開発、インターンシップ制度の確立、職業教育の高度化、生涯教育の推進、修了年限のフレキシブル化等々。更に、以上のように課題が多層的であるということは、改革の議論と課題解決の諸努力が慎重にコーディネートされることを必要不可欠としていることを意味する。更にそれは、改革の最終到達点を明確に意識する必要性をも意味する。それらなしには真の課題解決はあり得ないし、実際に進行する改革も迷走を余儀なくされることは必定である。一例をあげよう。近年日本の主要大学は、法曹に携わる高度な専門職を養成することを一つの目的として、大学院としてロースクールを創設した。これ自体はまことに喜ばしい改革である。しかし今多くの大学で、法学の研究者養成の困難性、危機が叫ばれてはいないだろうか。また学部における法学教育の問題は指摘されてはいないだろうか。ロースクールを出て、更に大学院で3年以上勉強を続け、研究者になる人が果たしてどれぐらいいるのか危惧される。多くの教員は、ロースクールでの教育に多くの時間と労力を注ぐことになるので、従来学部教育に投入していたエネルギーを大学院に振り向けて、学部教育が手薄になってはいないだろうか。これでは

ロースクールの誕生も手放しでは喜べない。専門職養成、研究者養成、質の高い国民形成など、議論や改革の文脈をコーディネートして総合的に行わないかぎり、一つの改革はその他の改革の妨げにさえなることは、火をみるよりも明らかである。

研究の発端

　筆者は、1985年に一橋大学に所属して以来2006年3月に至るまで20年余、大学・大学院をめぐる激動のただ中にあり、その変動を担ってきた。一橋大学大学院社会学研究科・社会学部においては、研究科長・学部長として、大学院部局化の前提になる教養学部・教養部の再編の責任者をつとめ、前期課程所属の教員の各学部へのインテグレーションと独立大学院、言語社会研究科の創設という基本的枠組みの確立に努力した[4]。その基本構造の上に、その後全研究科の部局化が可能になったのである。

　部局化による変化を象徴するものの一つは、大学院入学定員の変化であろう。1968年に社会科学系の大学院修士課程そして博士課程に入学した大学院生の数は全国でそれぞれ1,662人そして430人であったが、1999年にその数は8,946人そして1,514人にまで急増している[5]。一橋大学大学院社会学研究科の場合、従来修士・博士ともに定員は29人だったが、部局化に伴ってそれが修士90人、博士40人へと変化した。しかも従来は、定員を大きく下回ってしか大学院生をとらず、少ない学生を研究者として養成することを目指していたが、部局化以降は定員の充足を厳密に行い、大量の修士の養成と、多くの博士号を持った研究者の養成を目指すようになっている。そして2005年から国立大学の法人化が行われ、多くの大学は自立に向けての努力を加速し、主要大学は世界において通用する大学・大学院作りに努力を傾注している最中である。

　大学院の部局化、国立大学の法人化は、決して小さな変化ではない。それは、大学・大学院に、指示を受けて行動するのではなくて自らプログラムを書いて行動できる人間の輩出、大量の専門職業人の養成、国際的に通用する

研究者の養成、大学自体の根底的な国際化などの課題を同時にもたらすことになった。今多くの大学・大学院は、これらの課題に直面して、課題の解決の方向性を模索している。学部と大学院の関係をどうするのか、大量の大学院生をどのように教育するのか、修士課程と博士課程の関係はどのようにあるべきか、一定の年限内に如何にして博士号を取得させるか、大量の修士、博士号取得者を如何にして就職させるかなどなど、課題は山積しており、教員および教育を受ける大学院生の苦悩も並大抵のものではない。まさに新しい大学院の形成とそれに見合った充実した大学院教育の創成とが問題になっているのである。

　2000年代初頭、筆者らは以上のような状態に直面しながら一橋大学大学院社会学研究科矢澤ゼミナールを中核として、研究・教育に従事していた。矢澤は、教師として30年以上にわたる大学院教育の経験を持っていたが、目的、関心、能力をはじめとしてあらゆる点で異なる多様な多くの院生とどのように共に研究し教育していけば良いか模索していた。また多くの学生は、大学院入学の幸運を掴んだものの、大学院環境の激変に戸惑い、かつまた将来研究者として自立してゆけるのかどうかの不安の中で暗中模索していた。

問　題

　そこで矢澤は、一橋大学大学院の演習参加者に対して、大学院教育の先達であるアメリカ大学院における教育・研究の現状を調査研究してみないかとの提案を行った。矢澤がこの提案を行った背景には、矢澤自身1970年代初頭にアメリカの大学への留学経験をもち、その後も頻繁にアメリカを訪れて、アメリカの大学の事情に一定程度通じていたこと、またアメリカはヨーロッパに先駆けて大学院を創設し、大学院の大衆化を経験したために、大学院における教育・研究の経験を蓄積しており、ヨーロッパにおける大学院教育、高等教育の大衆化に関しては指南役をつとめていること、ヨーロッパの研究者の間にも、自分の子供に教育を受けさせるのなら、大学まではヨーロッパで、大学院はアメリカでといった意見が多く聞かれるようになっていること、

序章　問題の構造と文脈　vii

等々があったからである。更に社会学の文脈に関して言っておけば、アメリカはヨーロッパ諸国に先駆けて社会学を制度化し、社会学の発展が著しいからである。

　従って本研究の大きな問題は、アメリカにおける大学院教育の現状を理解することを通じて、大学院の部局化以降における急激な大学院拡大の現実の中で、如何にして日本において新たな大学院と大学院教育を作り上げてゆくか、かつまたその大学院改革の当面の一つの到達目標が「世界的な研究拠点」形成、「世界最高水準」の大学形成であるならば、如何なる諸点が議論されなければならないか、それらが如何にコーディネートされなければならないか、それらを明らかにすることである。そして更に、それらの議論を通じて、大学・大学院が社会、国民にとって如何なる関係・意味を持つのか、持つべきなのかを明らかにすることである。

　そこで本研究は、まずアメリカ研究大学の大学院の現状を把握することにつとめた。カーネギー財団によれば[6]、研究大学とは、フルレンジのバカロレアプログラムを提供し、博士課程の教育を通して大学院教育にコミットし、研究に高いプライオリティを与え、年間50以上の博士号を出し、更には毎年4,000万ドル以上の研究資金を連邦政府から受け取る大学のことである。更に細かい下位カテゴリーを持つがここでは問わない。要するに主要な州立大学や有名私立大学は皆研究大学である。何故アメリカかと言えば、アメリカは日本やヨーロッパに先行して、研究大学とその大学院の形成に取り組み、日本がこれから踏むであろう様々なステップを経て、今日に至っているからである。勿論、アメリカと日本は、全く同じ経過を辿るのではなかろう。しかしアメリカの経験は、様々な意味で、日本における研究大学・大学院の形成にとって意味ある教訓をもたらすことは必定である。従ってアメリカの経験のうわべだけを導入するのではなく、その経験をその根にまでさかのぼって理解し、その範となるべきものを日本の文脈に翻案して導入することが必要になる。そうでなければ過去の経験からも分かるように、外国の制度を導入したようでいて、全く似て非なるものをつくりだしてしまう。

　アメリカ研究大学の大学院の現状を把握するために設定された問題は、以

下のようなものである。(1)研究大学の大学院の規模はどのぐらいか、(2)院生はどのような基準で選択されるのか、(3)大学院教育において最も大切なものはなにか、(4)大学院のカリキュラムはどのようなものか、(5)各大学院は、コース、セミナー、インディペンデント・スタディなどの現状をどのように評価しているか(現状の問題点はなにか)、(6)奨学金と大学院教育の関係はどうなっているか、(7)研究大学の大学院において、博士号を取るという目的との関連で、修士号の位置づけはどのようなものか、(8)Ph.D.論文を書かせるためにどのような指導方法を用いているか(院生と指導教員の関係)、(9)将来教育者になる院生に、そのための教育をどのようにしているか、(10)大学院教育の効果をどのように測定しているか、(11)自分の大学院の特徴や欠点をどのように考えているか、(12)社会科学における社会学の位置をどのように考えているか、(13)アメリカ社会における社会学の役割はなにか、(14)大学院滞在年数に制限はあるか、(15)大学院生の就職促進のストラテジーはなにか。

　言うまでもなく、これらの問いは日本の大学院が直面している問題でもあり、それらの問題に対する回答を得ることによって、アメリカの大学院の現状が把握できると同時に、日本の大学院が直面している問題解決の一つの方向が与えられる性質のものである。

本書の構成

　われわれは、以上のような問題を設定し、調査対象を限定して、その対象に対して様々な調査を実施した。
　第1章では、調査対象の限定に関する議論を展開する。
　第2章では、調査結果の報告・分析を行う。
　第3章では、以上の調査結果をアメリカの大学・大学院全体の中に位置づけ相対化する。
　第4章では、アメリカの研究大学・大学院がどのような歴史的経緯を辿って形成されたのかを検討する。

第5章では、大学において専門分野として形成された社会学が、学問内容的にどのような特徴をもっていたのかを、ヨーロッパの古典社会学との対比において明らかにする。

第6章では、アメリカにおいて社会学を発展させた重要な原動力の一つが社会的要請であったことに注目して、アメリカにおける社会と社会学の関係を歴史的に論ずる。

最後に結章では、本書の結論を明らかにし、今後の課題について論ずる。

本書は、一橋大学大学院社会科学研究科2004年度大学院演習に参加された大学院生と矢澤修次郎との共同研究の成果である。

共同研究者として基礎データの収集・整理を担当してくれた矢澤研究室大学院生を以下に紹介する。野村弘美、大原あゆみ、小山花子、石田隆至、吉野浩司、柚木寛幸、中村好孝、藤岡伸明の各氏である。大学院生の中では、伊藤毅はデータの収集・整理、分析、インタビュー調査、執筆に積極的に関わった。彼がイェール大学の大学院生であったことが本書の完成のために大いに役立った。

【注】
1 Daniel Bell, *The Coming of Post-Industrial Society*, Basic Books, New York, 1973. 内田忠夫・嘉治元郎・城塚登・馬場修一・村上泰亮・谷嶋喬四郎訳『脱工業社会の到来上下』ダイヤモンド社、1975年。
2 Manuel Castells, *The Rise of Network Society*, Blackwell, Cambridge, 2000, ch.4, *The Internet Galaxy*, Oxford University Press, Oxford, 2001, pp.90-91.
3 福沢諭吉『学問のすすめ』岩波文庫、1978年。竹内洋『立志苦学出世』講談社現代新書、1991年、第2章。
4 矢澤修次郎「改革の時代」一橋大学学園史刊行委員会『一橋大学百二十年史』一橋大学、1995年、245-263頁。
5 データは科学技術政策研究所のアーカイブの表2-4-1：大学院修士課程の入学者数の推移と表2-4-2(A)：大学院博士課程入学者数の推移による。http://www.nistep.go.jp/achiev/ftx/jpn/rep066j/html/table02.html
6 http://www.washington.edu/tools/universities94.html（2006年12月12日検索）参照。

目　次／アメリカの研究大学・大学院——大学と社会の社会学的研究——

序章　問題の構造と文脈 ………………………………………… iii
　　問題の所在　　　　　　　　　　　　　　　　　iii
　　研究の発端　　　　　　　　　　　　　　　　　v
　　問　題　　　　　　　　　　　　　　　　　　　vi
　　本書の構成　　　　　　　　　　　　　　　　　viii

第1章　研究対象の決定とアメリカ高等教育機関のランキング …… 3
　　調査対象大学の選定方法　　　　　　　　　　　8
　　調査の方法　　　　　　　　　　　　　　　　　15

第2章　調査結果の概要 …………………………………………… 23
　1. 研究大学・大学院の社会学教育プログラム　　23
　　【1】カリフォルニア大学バークレー校　社会学部　　26
　　【1】ウィスコンシン大学マジソン校　社会学部　　30
　　【3】シカゴ大学　社会学部　　34
　　【3】ミシガン大学アナーバー校　社会学部　　37
　　【5】スタンフォード大学　社会学部　　40
　　【5】ノースキャロライナ大学チャペルヒル校　社会学部　　43
　　【7】ハーバード大学　社会学部　　47
　　【7】カリフォルニア大学ロサンジェルス校　社会学部　　50
　　【9】ノースウェスタン大学　社会学部　　53
　　【9】プリンストン大学　社会学部　　57
　　【11】インディアナ大学ブルーミントン校　社会学部　　60
　　【11】アリゾナ大学　社会学部　　62
　　【11】ペンシルベニア大学　社会学部　　64
　　【14】コロンビア大学　社会学部　　66
　　【14】コーネル大学　社会学部　　71

【16】デューク大学　社会学部　　　　　　　　　　73
　　【16】テキサス大学オースティン校　社会学部　　　76
　　【16】ワシントン大学　社会学部　　　　　　　　　79
　　【19】ジョンズ・ホプキンス大学　社会学部　　　　81
　　【19】ペンシルバニア州立大学　社会学部　　　　　83
　　【21】オハイオ州立大学　社会学部　　　　　　　　85
　　【22】ニューヨーク大学　社会学部　　　　　　　　87
　　【22】ミネソタ大学　社会学部　　　　　　　　　　90
　　【24】ニューヨーク州立大学アルバニー校　社会学部　92
　　【24】カリフォルニア大学サンタバーバラ校　社会学部　94
　　【24】メリーランド大学カレッジパーク校　社会学部　97
　　【24】イェール大学　社会学部　　　　　　　　　　99
　　【28】ブラウン大学　社会学部　　　　　　　　　　101
　　【28】カリフォルニア大学デービス校　社会学部　　105
　　【28】イリノイ大学アーバナシャンペーン校　社会学部　107
　　【28】アイオワ大学　社会学部　　　　　　　　　　109
　　【ランク外】ブランダイス大学　社会学部　　　　　111
　　【ランク外】ニュースクール大学　社会学部　　　　113
　2. 面接調査の結果　　　　　　　　　　　　　　　　116
　　(1) ウィスコンシン大学マジソン校社会学部
　　　大学院入試　　　　　　　　　　　　　　　　　116
　　　Ph.D.プログラム　　　　　　　　　　　　　　117
　　　付属研究機関の役割　　　　　　　　　　　　　117
　　　カリキュラム　　　　　　　　　　　　　　　　117
　　(2) ミシガン大学アナーバー校社会学部
　　　大学院入試　　　　　　　　　　　　　　　　　119
　　　Ph.D.プログラム　　　　　　　　　　　　　　119
　　　カリキュラム　　　　　　　　　　　　　　　　120
　　　大学の財政　　　　　　　　　　　　　　　　　120
　　　アメリカ社会における社会学の位置　　　　　　121
　　(3) ノースキャロライナ大学チャペルヒル校社会学部
　　　教員の数　　　　　　　　　　　　　　　　　　121
　　　大学院入試　　　　　　　　　　　　　　　　　122
　　　Ph.D.プログラム　　　　　　　　　　　　　　122

カリキュラム	122
社会学Ph.D.プログラムのタイポロジー	122
大学での知的コミュニティをどのように形成するのか？	123
アイビーリーグと州立大学における社会学部の規模の差異	123
資　金	123

(4) デューク大学社会学部

大学院入試	124
Ph.D.プログラム	124
カリキュラム	125
ランキングとアメリカ社会学	125

(5) コロンビア大学社会学部

大学院入試	126
Ph.D.プログラム	126
カリキュラム	127
社会学Ph.D.プログラムのタイポロジー	128
資　金	128

(6) ニュースクール大学社会学部

大学院入試	129
Ph.D.プログラム	130
カリキュラム	131
アメリカの大学システム	131

(7) シカゴ大学社会学部

大学院院入試	132
Ph.D.プログラム	132
カリキュラム	132
大学の知的コミュニティ	133

(8) ノースウェスタン大学社会学部

教員の数	133
大学院入試	133
Ph.D.プログラム	134
カリキュラム	135

(9) 社会科学リサーチ・カウンシル

社会科学リサーチ・カウンシル(SSRC)の概要	136
アメリカの高等教育	136

アメリカのPh.D.プログラム　　　　　　　　　　137
　　　アカデミック・マーケット　　　　　　　　　　137
　　　テニュア制度　　　　　　　　　　　　　　　　138
　　　アメリカにおける社会学の位置　　　　　　　　138

　3. 調査結果の分析　　　　　　　　　　　　　　　139
　　　(1) 教員と学生数　　　　　　　　　　　　　　139
　　　(2) Ph.D.プログラム　　　　　　　　　　　　140
　　　(3) カリキュラム　　　　　　　　　　　　　　141
　　　(4) ワークショップ　　　　　　　　　　　　　143
　　　(5) 研究・教育モデル　　　　　　　　　　　　145
　　　(6) 関連研究機関など　　　　　　　　　　　　145
　　　(7) 奨学金　　　　　　　　　　　　　　　　　146
　　　(8) 外部資金　　　　　　　　　　　　　　　　147

第3章　アメリカ研究大学・大学院の全体的傾向と特徴 ……153

第4章　アメリカ研究大学・大学院の歴史的形成 ………165

第5章　古典社会学とアメリカ社会学 …………………177

第6章　社会と社会学 ……………………………………183

第7章　アメリカにおける「社会学の制度化」と
　　　　その日本に対するインプリケーション ……… 193

　参考文献 ………………………………………………… 201
　索　　引 ………………………………………………… 204

装幀◎田宮 俊和

アメリカの研究大学・大学院
――大学と社会の社会学的研究――

第1章　研究対象の決定と
　　　　アメリカ高等教育機関のランキング

　T. パーソンズが明らかにしたように、アメリカの大学・大学院は、「認識能力」の向上、「リベラルアーツ」、「専門職訓練」(大学院ないしは上級の研究のための準備)、「社会的・個人的能力」(学生の自己認識、責任ある市民の育成)などの教育目標を達成すべく、多様な形を取って、極めてダイナミックに発展を遂げてきた[1]。その発展の中核に位置したのは、多くの目標を束ねる形を取った「総合大学」であった。しかし勿論、アメリカの大学は、それに尽きない。「専門職訓練」を除く複数の教育目標を達成しようとする普通の大学、リベラルアーツ教育に焦点を定めたカレッジ、日常生活に必要な技術や職業訓練に力点をおいたコミュニティ・カレッジなど、多様な形態をとったその他の大学も、独自の発展を遂げていった。アメリカの高等教育の形態は、国民社会の要請を受けて実に多様であると同時に、お互いに一種の分業関係をもって発展してきたと言えよう。

　アメリカの大学は、19世紀の後半には、教養あるジェントルマンを育成することを目的として殆ど専門化がみられなかった段階を脱し、一方では大学院を創設し、他方では良きアメリカ市民の育成に力を注いだ。その結果、1910年には、30万人強の学生が1,000におよぶ大学で学ぶようになり[2]、1920年代ごろまでに大学は、社会的な成功を収めるには、大学教育を受けること

が必要不可欠であると言われるまでに社会的に定着した。更に1930年代後半以降は、ヨーロッパ大陸からの大量の亡命知識人を迎え入れ、世界の知の中心になるとともに、第二次世界大戦を戦った復員兵への給付・特典として、大学教育が与えられたことからも分かるように、アメリカ社会の発展にとって必要不可欠な、社会の中核制度になっていったのである[3]。

　以上のようなアメリカ高等教育の大衆化、専門化は、神話や物語によって推進されたものでは決してなかった[4]。パーソンズの調査とそれに基づく考察によれば、アメリカにおいて大学卒業生が就職する場合、その学生が大学で何を学び、どのくらいの成績を収めて卒業したかを示す学位と、それにその指導教員の推薦状とが事の成否にとって「ことのほか重要な役割」を果たしていた[5]。それ程にアメリカ高等教育の大衆化、専門化は実質的なものであった。更にこうした高等教育の大衆化・専門化・多様化の結果、アメリカ社会では出身大学により職業賃金体系に格差が生じるところまで行きついた[6]。当然国民の大学選びは真剣そのものである。近年その傾向はますます強まっている。そこで大学・大学院の現状把握、それらの改革、研究のためだけでなく、国民の大学選びをサポートする意味で、大学のランク付けが行われるようになり、その回数を重ねるごとに社会の高い関心を集めるようになっているのである。

　アメリカにおける大学ランキングの初期の試みでは、ランキングは大学の総合的な評価というよりも、その一部の機関(例：プログラム)を評価することや、一つの指標(例：研究開発資金の額)をもとに単純に序列化することに等しかった。以下に、大学ランキングの初期の試みを簡潔に紹介しよう[7]。最初の試みは、1925年にR.ヒューズによって行われた、Ph.D.を授与する大学院プログラムの個別評価であった[8]。ヒューズのランキングは学部ごとのものであったが、後にD.ウェブスターはヒューズのデータをもとに各学部の評価を集積して大学をランク付けした(表1参照)[9]。1957年には、H.ケンジントンがトップ25大学の学部長へのサーベイを基に大学院教育の質に関するランキングを作成した[10]。1960年代に入ると、ランキングのサンプル数は拡大し、対象は個別学部から大学全体に移った。そうした研究の中には、アメリ

表1：アメリカの大学院ランキング1925-1982

	1925	1934	1959	1966	1970	1979	1982	Change
Chicago	1	5	6	9	7	6	7	-6
Harvard	2	1	1	2	2	1	3	-1
Columbia	3	3	3	7	12	11	11	-8
Yale	4	7	4	6	5	4	3	+1
Wisconsin	5	4	8	3	6	7	8	-3
Princeton	6	11	7	10	8	8	6	-
Johns Hopkins	7	9	16	13	19	17	30	-23
Michigan	8	8	5	4	4	5	8	-
UCal/Berk	9	1	2	1	1	2	1	+8
Cornell	10	6	9	11	11	12	11	-1
Illinois	11	11	10	8	9	10	13	-2
Pennsylvania	12	14	11	15	14	15	14	-2
Minnesota	13	10	15	12	16		16	-3
Stanford	14	13	13	5	3	3	2	+12
MIT	19	16	-	21	15	9	5	+14
CalTech	18	17	-	18	20	13	15	+3

出　所：David S. Webster, "America's Highest Ranked Graduate Schools, 1925-1982, *Change*, 15(4)（May/June, 1983), 23.

カ教育カウンシル(ACE)の協力を受けたA. カーター[11]、K. ローズ & C. アンダーソン[12]、アメリカ科学アカデミー(NAS)の支援を受けたL. ジョーンズ、G. リンズィー、P. コッゲシャル[13]そしてナショナル・リサーチ・カウンシル[14]の研究がある。1968年から全米科学基金(NSF, National Science Foundation)が連邦政府の研究開発(R&D)資金の上位100大学のリストを公表するようになると、*The Chronicle of Higher Education*誌が毎年NSFのR&Dランキングについての特集を組んだ。

　しかしながら、こうした試みは、ランキングの基準が一部のエリート州立大学やアイビーリーグ大学に有利に働くように設定されていたり、異なる目的や規模の大学を無媒介に比較したりするなどの欠点を内包していた。すなわち、そうしたランキングは必ずしもアメリカの多様な高等教育の現状を反映するものにはなっていなかったのである。一例を挙げよう。連邦政府からの研究開発資金の総額で大学を序列化した場合、多くの教員を抱える州立の総合大学と少数の教員しかもたないリベラルアーツ・カレッジを同じカテゴリーに入れることは、決して正確な比較とはいえないであろう。そこで、大学を目的・機能別に分類することから始めることによって、アメリカの高等

教育の多様な現状を正確に踏まえようとする努力が始められた。それがカーネギー財団による分類法である。この分類法はカーネギー・クラシフィケーションと呼ばれ、全米の高等教育機関の分類として広く使われている。カーネギー・クラシフィケーションの特徴は、高等教育の定義にアメリカの高等教育の多様性を反映させ、総合大学、研究大学だけでなく、コミュニティ・カレッジ、専門職大学院、修士課程プログラムなどを盛り込んだ点にある。

1973年にはじめて公刊されたカーネギー・クラシフィケーションは、授与された学位の種類と数、連邦政府研究開発資金、カリキュラムの専門性、入学時の選抜レベル、博士養成の指標等を使用して、高等教育機関を、1)博士号授与大学、2)総合大学、3)リベラルアーツ大学、4)短期大学、5)専門職学校・その他の特別機関に分類した[15]。1973年の初版の出版からカーネギー・クラシフィケーションは4度の改定を経て現在の分類法に至っている。2000年のカーネギー・クラシフィケーションによれば(表2参照)、アメリカの大学は六つのカテゴリーに分類され、全高等教育機関の数は全国で3,941に及ぶ[16]。結果的に、カーネギー・クラシフィケーションは、多様なアメリカ高等教育機関を分類することによって、比較そしてランク付けすることを容易にしたのである。

このカーネギー・クラシフィケーションに基づいて、*U.S. News & World Report*誌は、1983年以来、全米の大学ランキングを公表するようになった。このランキングは1984年には公表されなかったが、以後毎年のように結果が公表されている。このランキングの方法論は幾度か変更されたが、基本的には、研究調査者によって提供された研究力と教育力を示す統計データと大学

表2：カーネギー・クラシフィケーション2000

	分 類	数
1	博士号授与大学	261
2	修士号授与大学	611
3	学士号授与大学	606
4	短期大学	1,669
5	専門機関	766
6	部族・民族大学	28
	総合計	3,941

第1章　研究対象の決定とアメリカ高等教育機関のランキング　7

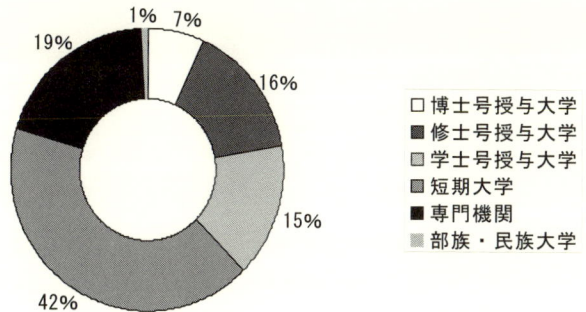

図1：カーネギー・クラシフィケーション2000

の教員やスタッフのピア・レビューを総合して評価するという手法が採用されている。ランキングを作成するために重視される要因は以下のようなものである。(1)大学の学長、事務長、学生選抜部門の責任者による、大学のピア評価、(2)一年次学生が他の大学に移動したりドロップアウトしたりしない学生維持率や6年間における卒業率など、大学が学生を維持し続け卒業させることのできる率、(3)学生のSATの得点、高校における成績順位などの学生の質、(4)大学におけるクラスの大きさ、教員のサラリー、学位の種類、学生と教員の比率、専任教員の比率など、教員資源の質、(5)学生一人当たりどのぐらいのお金をかけるか財政資源の有無、(6)期待された卒業率と実際の卒業率の差で計る学生の達成率、(7)同窓会の寄付率[17]。

　このランキングは、以上のような要因に統計的ウエイトをかけて、総ての要因を総合してランク付けを行っている。しかもこのランキングは、最上層の大学を一つ一つ格付けしており、大学を層として、あるいはグループとしてランク付けするものではない。また毎年かなり激しい順位の変動が起こる。そのようなことも作用しているのだろう。このランキングは、開始早々はそれほどではなかったものの、回を重ねるごとに大学人を含めたかなりの関心を呼ぶようになっている。大学のホームページにアクセスして気づいた読者も多いかと思われるが、大学のホームページ上で自らの大学が*U.S. News & World Report*誌によって何位にランク付けされたかということに言及していることからも、*U.S. News & World Report*誌の大学ランキングが広く認められ

た指標であることがわかる。

　しかしこのランキングは、ランク付けの方法論が何度も変わったばかりではなく、方法論も理論的、経験的基盤を疑われるところがあり、ランク付けのためのデータが公表されていないことも手伝って、様々な批判が投げつけられている[18]。その結果として、様々なその他のランク付けが登場してきている。たとえば、フロリダ大学のセンターは、トップアメリカ研究大学(The Top American Research University)というランキングを発表している。またヴァンガード・カレッジは、研究博士大学ランキング(Vanguard College Rankings of research-doctorate universities)を作っている。更にはWashington Monthlyも大学ランキング(Washington Monthly College Rankings)を出し始めている。

調査対象大学の選定方法

　われわれの調査チームは、テキサス大学のホームページで公開されているアメリカ高等教育機関のディレクトリを参照し、そこに掲載されていた1,771の大学を母集団として出発した[19]。われわれは、はじめにその大学・カレッジの中で社会学においてMA(修士号)を提供している大学、さらにPh.D.(博士号)まで提供している大学を抽出した。表3にまとめた集計結果が示すように、MAを提供している大学が214あり、社会学に密接に関連した社会福祉や女性学研究などに特化してMAを提供している大学は74程あった。Ph.D.を提供している大学が108、社会学と密接に関連したPh.D.を提供している大学は21程あった。したがって、アメリカの大学のなかで、社会学のPh.D.を提供している大学は全体の6.1%であることがわかる。

　研究チームは各自の分担を決めて、この129程度の大学のインターネット上のホームページを読み、各大学の大学院教育のプログラムを把握し、その後より詳しく調べられるべきプログラムを持った大学を選び出した。こうして選び出された大学は50－60校にのぼった。それは以下の如くである。

　以上のようにして抽出された大学50－60校は、結果として、*U.S. News and World Report*誌が公表している大学ランキングの、社会学部門の総合ランキ

ングに登場する60校と完全に一致した。そこで、この50−60校を、我々の調査研究の母集団にすることにした。

表3：ウェブサイト調査集計結果

Sociology Ph.D.	108	Sociology Master	214	Sociology 学部	1078
Sociology 関連 Ph.D.	21	Sociology 関連 Master	74	Sociology 関連 学部	179

調査数：1771校

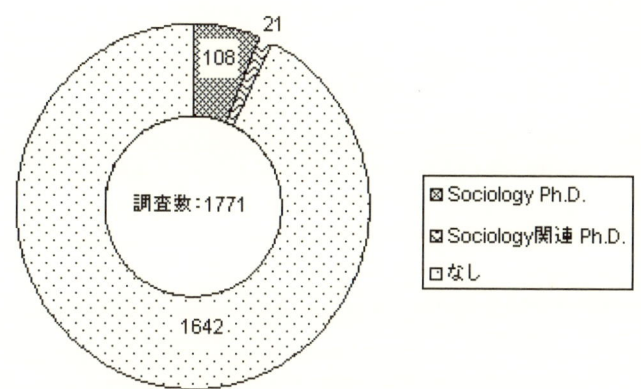

注：調査数には、大学院プログラムのない大学も含まれる。

図2：社会学Ph.D.プログラムのある大学院の数

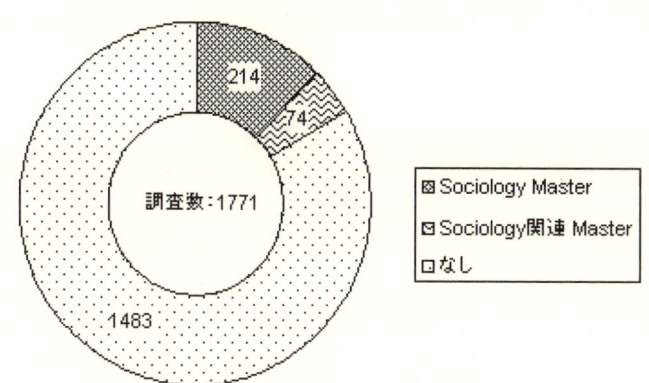

注：調査数には、大学院プログラムのない大学も含まれる。

図3：社会学Masterプログラムのある大学院の数

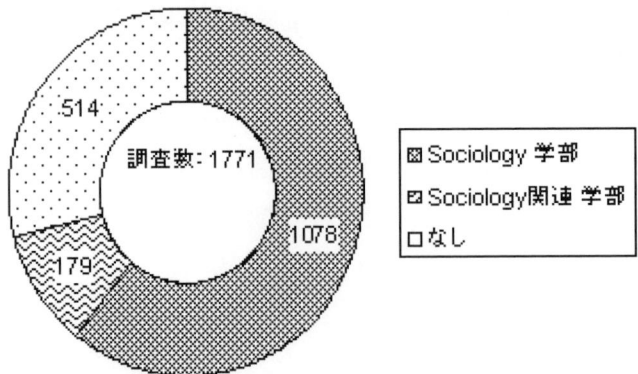

図4：社会学部のある大学の数（社会学部＝department of Sociology）

表4：社会学Ph.D.プログラムのある大学

Arizona State University (AZ)	Mars Hill College (NC)
Binghamton University (NY)	Michigan State University (MI)
Baylor University (TX)	Mississippi State University (MS)
Boston College (MA)	New School University (NY)
Boston University (MA)	New York University (NY)
Bowling Green State University (OH)	North Carolina State University (NC)
Brandeis University (MA)	Northeastern University (MA)
Brigham Young University (UT)	Northwestern University (IL)
Brown University (RI)	Ohio State University (OH) Columbus
Colorado State University (CO)	Pennsylvania State University (PA) University Park (main campus)
Columbia University (NY)	
Cornell University (NY)	Portland State University (OR)
Duke University (NC)	Princeton University (NJ)
Emory University (GA)	Rutgers University (NJ) New Brunswick
Florida International University (FL)	South Dakota State University (SD)
Florida State University (FL)	Southern Illinois University (IL) Carbondale
Fordham University (NY)	Stanford University (CA)
Graduate School & University Center (NY)	State University of New York (NY) Albany
Harvard University (MA)	State University of New York (NY) Binghamton
Howard University (DC)	State University of New York (NY) Stony Brook
Indiana University-Bloomington (IN)	State University of New York (NY) Buffalo
Iowa State University (IA)	Syracuse University (NY)
Johns Hopkins University (MD)	Temple University (PA)
Kansas State University (KS)	Texas A&M University System (TX)
Kent State University (OH)	Texas Woman's University (TX)
LaGrange College (GA)	The Catholic University of America (DC)
Louisiana State University (LA) Baton Rouge	Tulane University (LA)
Loyola University Chicago (IL)	University of Akron (OH)

第1章 研究対象の決定とアメリカ高等教育機関のランキング 11

University of California (CA) Berkeley	University of Missouri (MO) Columbia
University of California (CA) Davis	University of Missouri (MO) Kansas City
University of California (CA) Irvine	University of Nebraska (NE) Lincoln
University of California (CA) Los Angeles	University of Nevada-Las Vegas (NV)
University of California (CA) San Diego	University of New Hampshire (NH)
University of California (CA) Santa Barbara	University of New Mexico (NM)
University of California (CA) Santa Cruz	University of North Carolina (NC) Chapel Hill
University of California (CA) Riverside	University of Notre Dame (IN)
University of Central Florida (FL)	University of Oklahoma (OK)
University of Chicago (IL)	University of Oregon (OR)
University of Cincinnati (OH)	University of Pennsylvania (PA)
University of Colorado (CO) Boulder	University of Pittsburgh (PA)
University of Connecticut (CT)	University of South Carolina System (SC)
University of Delaware (DE)	University of Southern California (CA)
University of Florida (FL)	University of Tennessee (TN) Knoxville
University of Georgia (GA)	University of Texas (TX) Austin
University of Hawaii (HA) Manoa	University of Utah (UT)
University of Illinois (IL) Chicago	University of Virginia (VA)
University of Illinois (IL) Urbana-Champaign	University of Washington (WA)
University of Iowa (IA)	University of Wisconsin (WI) Madison
University of Kansas (KS)	University System of Georgia Georgia State University (GA)
University of Kentucky (KY)	
University of Maryland (MD) College Park	Vanderbilt University (TN)
University of Massachusetts (MA) Amherst	Washington State University Tri-Cities campus (WA)
University of Miami (FL)	Wayne State University (MI)
University of Michigan (MI) Ann Arbor	Western Michigan University (MI)
University of Minnesota (MN) Twin Cities	Yale University (CT)

表5：社会学関連分野のPh. D. プログラムのある大学

Adelphi University (NY)	University of Alabama (AL)
Barry University (FL)	University of Alabama (AL) Tuscaloosa
Bryn Mawr College (PA)	University of Denver (CO)
California Institute of Integral Studies (CA)	University of Houston (TX) Clear Lake
California Institute of Technology (CA)	University of Maryland (MD) Baltimore
Capella University (MN)	University of Nevada-Reno (NV)
Jackson State University (MS)	University of South Florida (FL)
Loma Linda University (CA)	University of Texas (TX) Arlington
Louisiana State University (LA) University of New Orleans	Washington University in St. Louis (MO)
	Worcester Polytechnic Institute (MA)
Massachusetts Institute of Technology (MA)	
Purdue University (IN) Indiana University/Purdue University at Indianapolis	

研究チームは、この母集団となった大学の大学院教育プログラムを精査し、その基本的構造と独自性を把握することに努め、更に訪問調査を実施する対象校を選択した。選択の基準は、対象校の持つ社会学教育プログラムの独自性、さらには日本における大学院教育に対して示唆に富むか否かであったが、勿論、そこには一定の恣意性が介在したことは認めざるを得ない。われわれは対象校選定における恣意性をコントロールするために、客観的な指標を参考にすることにした。その指標は、先に紹介したU.S. News & World Report誌のランキングである。

　先にも書いたようにU.S. News & World Report 誌は、独自に集計したデータに基づき"America's Best Colleges"と題した全米の大学ランキングを毎年発表している。では、如何にしてランキングが行われるのか、そのプロセスを概観しよう。U.S. News & World Report 誌によるランキングの方法は、次の3ステップからなる。第1に、全米の大学をカーネギー・クラシフィケーションに従って分類する。なかでも、U.S. News & World Report 誌は、Ph.D.を授与する総合大学(National Universities)、学部教育に重点をおくリベラルアーツ・カレッジ(Liberal Arts Colleges)、地域大学(Regional Universities)、大学院(Graduate Schools)、ビジネススクール、ロースクールのランキングを発表している。第2に、各大学を7分類15項目からなる評価基準によって評価する。表6は7分類とその評価が占める割合を示したものである。第3に、15項目の総合スコ

表6：U. S. News and World Reports誌のランキングの基準

	評価基準	割合
1	学術評価(Academic reputation)	25%
2	保持力(Retention)	20%
3	教員・教育(Faculty Resources)	20%
4	学生選抜(Student Selectivity)	15%
5	財政(Financial Resources)	10%
6	卒業率(Graduation Rate Performance)	5%
7	卒業生寄付(Alumni giving)	5%

アを集計して、スコアが最も高い大学から順に並べる。こうした評価プロセスを経て作成された2005年のランキングが表7である。これはリサーチに焦点を置いてPh.D.を授与する全米の総合大学のランキングである。また、表8は社会学Ph.D.プログラムの総合部門ランキングである。

　U.S. News & World Reports 誌が行った総合大学のランキングと社会学Ph.D.プログラムの総合部門のランキングは、社会学という学問のアメリカ社会における地位と役割を如実に示している点で、たいへん興味深い。二つのランキングを比較して明らかなことは、大学院の総合ランキングでは、州立大学がトップ10に入っていないのに対して、社会学に絞った場合、カリ

表7：総合大学ランキング2005

順位	大　学	評点
1	ハーバード大学	100
1	プリンストン大学	100
3	イェール大学	99
4	ペンシルベニア大学	95
5	デューク大学	94
5	マサチューセッツ工科大学	94
5	スタンフォード大学	94
8	カリフォルニア工科大学	93
9	コロンビア大学	88
9	ダートマス大学	88
11	ノースウェスタン大学	87
11	ワシントン大学(セントルイス)	87
13	ブラウン大学	86
14	コーネル大学	85
14	ジョンズ・ホプキンス大学	85
14	シカゴ大学	85
17	ライス大学	83
18	ノートルダム大学	80
18	ヴァンダービルト大学	80
20	エモリー大学	79
21	カリフォルニア大学バークレー校	78
22	カーネギーメロン大学	76
22	ミシガン大学アナーバー校	76
22	バージニア大学	76
25	ジョージタウン大学	75
25	カリフォルニア大学ロサンジェルス校	75

出所：US News & World Report, America's Best National Universities, 2005

表8：大学院社会学ランキング

ランク	大　学	評点
1	カリフォルニア大学バークレイ校	4.8
1	ウィスコンシン大学マジソン校	4.8
3	シカゴ大学	4.7
3	ミシガン大学アナーバー校	4.7
5	スタンフォード大学	4.6
5	ノースキャロライナ大学チャペルヒル校	4.6
7	ハーバード大学	4.4
7	カリフォルニア大学ロサンジェルス校	4.4
9	ノースウェスタン大学	4.2
9	プリンストン大学	4.2
11	インディアナ大学ブルーミントン校	4.1
11	アリゾナ大学	4.1
11	ペンシルバニア大学	4.1
14	コロンビア大学	3.9
14	コーネル大学	3.9
16	デューク大学	3.8
16	テキサス大学オースティン校	3.8
16	ワシントン大学(シアトル)	3.8
19	ジョンズホプキンス大学	3.7
19	ペンシルベニア州立大学	3.7
21	オハイオ州立大学	3.6
22	ニューヨーク大学	3.5
22	ミネソタ大学ツインシティ校	3.5
24	ニューヨーク州立大学アルバニー校	3.4
24	カリフォルニア大学サンタバーバラ校	3.4
24	メリーランド大学カレッジパーク校	3.4
24	イェール大学	3.4
28	ブラウン大学	3.3
28	カリフォルニア大学デービス校	3.3
28	イリノイ大学アーバナシャンペーン校	3.3
28	アイオワ大学	3.3

出所：US News and World Report, America's Best Graduate Schools 2005

フォルニア大学、ミシガン大学、ノースキャロライナ大学、ウィスコンシン大学といった州立大学がトップ10に多く入っていることである。アメリカ社会科学リサーチ・カウンシル(SSRC)理事長のC. カルフーン教授によれば、州立大学において社会学部が大きな存在感を持っているのは、両者が職業的な必要性・類似点を共有しているからだという[20]。すなわち、人口統計、教育、犯罪、貧困、福祉といった専門領域をもつ社会学は、州政府が必要とする人

材を養成し、州政府と太いパイプでつながっている。州政府は州立大学と共同で人口統計や高齢化などの問題を取り扱う研究センターを設立し、社会学の専門領域の研究を財政的にもサポートする。その結果、州立大学の社会学部は多数の学部生、大学院生、教員を抱え、最先端の研究成果を生産する学部に成長したのである。

調査の方法

　こうした選定プロセスを経て、最終的にわれわれの調査対象校となったのは、表8の全米トップ25の大学(31校)に、ブランダイス大学とニュースクール大学を加えた33大学である。ブランダイス大学とニュースクール大学を調査対象校に加えた理由は、アメリカ社会学の発展に顕著な貢献をしてきたこと、そしてユニークな大学院教育を実践していることである。研究チームはこれらの大学の社会学部の博士教育プログラムに関して詳細な比較研究を行った。そうすることで、各大学の教育プログラムに見られる特徴を把握すると同時に、今日のアメリカ社会学に見られる傾向を浮き彫りにすることを目的とした。更に、教育プログラムを精査するなかで、特徴のあるプログラムに基づいた大学院教育を行っているいくつかの大学を実際に訪問して、学部長あるいは担当教員にインタビューを行うという訪問調査を実施した。以下にその質問項目を掲げておくことにする。

Graduate Education Survey in Sociology

1. What is the approximate size of in-comming students to the Ph.D. program?　What criteria or measurements do you use in deciding the number of in-coming students (e.g., the number of available fellowships, the ratio of in-coming students to faculty members, or quota assigned to the department by the graduate school.)?

2. What criteria or measurements do you use in admitting students to the Ph.D. program? Besides GPA and GRE, what capabilities do you seek in in-comming students?　To put it differently, how important are GPA and GRE in determining the intellectual potentials of students?

3. Do you admit students without sociology background at the undergraduate level? If so, will they be able to learn the foundations (basics) of sociology in the graduate courses?

4. What is the maximum length of years of graduate study in your department? Why do you think it is appropriate or necessary to limit the years of graduate education?

5. What kinds of financial support do your department and the graduate school have? Do you think students are well financed so that they can continue and focus on graduate study?

6. What elements do you weigh most in designing the graduate courses (curriculum)?

7. How do you evaluate the graduate courses, prospectus seminars, practicum, and independent studies at your department? Does the combination of these help students acquire the essential knowledge in sociology?

8. Do you have the terminal MA program in your department? If so, do you find it difficult to teach MA and Ph.D. students in the same class--MA students are practically oriented while Ph.D. students are academically oriented?

9. How do Teaching & Research Assistanceships contribute to the quality of graduate education? What do you expect students to learn from teaching experience?

10. If teaching is a requirement of the completion the Ph.D., how do graduate students learn teaching skills (pedagogy)? What problems do you usually find?

11. What methods do you use to teach graduate students to write the dissertation? What do you emphasize? What roles does an academic advisor play in guiding students at their dissertation-writing stage? To what extent is he or she expected to interact with their students?

12. How do you measure the effectiveness of the design of graduate education at your department? Do you think graduate education at your department (or US universities in general) is designed so as to maximize the potentials of individual students?

13. What are the strengths of your department or university that are acknowledged by others?

14. What are the weaknesses of your department or university?

15. Where do you think sociology occupies in social science?

16. What role does sociology play in American society in comparison to political science,

anthropology and economics?

17. What kinds of programs and strategies do you have to promote graduate students' placements at universities?

18. What are the procedures of hiring faculty staffs at your department? Do you have any distinctive rules?

また時間の制約など条件の厳しい場合には、以下のような縮小バージョンを用いることとした。

Graduate Education Survey in Sociology

1. What is the approximate size of in-coming students to the Ph.D. program? What criteria or measurements do you use in deciding the number of in-coming students (e.g., the number of available fellowships, the ratio of in-coming students to faculty members, or quota assigned to the department by the graduate school?

2. What criteria or measurements do you use in admitting students to the Ph.D. program? Besides GPA and GRE, what capabilities do you seek in in-coming students? To put it differently, how important are GPA and GRE in determining the intellectual potentials of students?

3. What elements do you weigh most in designing the graduate courses (curriculum)?

4. How do you evaluate the graduate courses, prospectus seminars, practicum, and independent studies at your department? Does the combination of these help students acquire the essential knowledge in sociology?

5. If teaching is a requirement of the completion the Ph.D., how do graduate students learn teaching skills (pedagogy)? What problems do you usually find?

6. What methods do you use to teach graduate students to write the dissertation? What do you emphasize? What roles does an academic advisor play in guiding students at their dissertation-writing stage? To what extent is he or she expected to interact with their students?

7. How do you measure the effectiveness of the design of graduate education at your department? Do you think graduate education at your department (or US universities in general) is designed so as to maximize the potentials of individual students?

> 8. What kinds of programs and strategies do you have to promote graduate students' placements at universities?
>
> 9. What are the procedures of hiring faculty staffs at your department? Do you have any distinctive rules?

　訪問調査に充てることができる期間は2週間が限度であったため、今回の訪問調査は、中西部から東部のかけての8大学と1機関に限定した。アメリカ社会学の発祥地であるとともに中心地である中西部は除けない。しかし時間的制約によって東部か西部を除かなければならなかった。最終的には西部を訪問調査地から除外した。その理由は、矢澤修次郎がこれまでに多く訪問し、ある程度事情が分かっているのは、どちらかと言えば、西部であったからである。2005年3月6日から3月18日の日程で、アメリカ中西部、東部の大学において訪問・インタビュー調査を行った。訪れることができた大学は、ウィスコンシン大学、ミシガン大学、ノースカロライナ大学、デューク大学、コロンビア大学、ニュースクール大学、アメリカ社会科学リサーチ・カウンシル(SSRC)、シカゴ大学、ノースウェスタン大学であった。

　残念ながら研究対象の母集団になりながら、今回の訪問調査の対象から漏れた大学は、電子メールで質問票を送り回答していただくというメール調査を行った。質問項目は、先に掲げた制約の厳しい際に使うこととした9項目であった。

　そのうち回答を寄せられた大学は、イリノイ大学、ブラウン大学、ブランダイス大学、ペンシルベニア大学、ミネソタ大学である。また、これらに加えて、プリンストン大学に関しては、筆者の同僚の一人であった小井土彰宏氏に質問票を渡してインタビューをお願いした。またテキサス大学に関しては、一橋大学社会学研究科から留学している根本久美子氏に調査を依頼し回答して貰った。

　更に以上の訪問・インタビュー調査を補うものとして、対象校でPh.D.を取得した日本人研究者のインタビュー調査を2005年4月以降行うことが計画された[21]。対象は、シカゴ大学＝秋吉美都氏、ノースカロライナ大学＝野宮

第1章　研究対象の決定とアメリカ高等教育機関のランキング　19

大志郎氏、プリンストン大学＝恒吉僚子氏などであった。これらの方々は、矢澤修次郎の指導のもとで一橋大学、一橋大学大学院で教育を受けた経験を持つか、なんらかの形で矢澤修次郎と接点を持ったことのある研究者である。

ところで、先にも書いたように、アメリカには先に挙げた U.S. News and

表9：調査対象大学と調査方法

	大　学	調査方法			
		HP	訪問	e-mail	卒業生
1	カリフォルニア大学バークレイ校	○			
2	ウィスコンシン大学マジソン校	○	○		
3	シカゴ大学	○	○		○
4	ミシガン大学アナーバー校	○	○		
5	スタンフォード大学	○			
6	ノースキャロライナ大学チャペルヒル校	○	○		
7	ハーバード大学	○			
8	カリフォルニア大学ロサンジェルス校	○			
9	ノースウェスタン大学	○	○		
10	プリンストン大学	○			○
11	インディアナ大学ブルーミントン校	○			
12	アリゾナ大学	○			
13	ペンシルバニア大学	○		○	
14	コロンビア大学	○	○		
15	コーネル大学	○			
16	デューク大学	○	○		
17	テキサス大学オースティン校	○			○
18	ワシントン大学（シアトル）	○			
19	ジョンズホプキンス大学	○			
20	ペンシルベニア州立大学	○			
21	オハイオ州立大学	○			
22	ニューヨーク大学	○			
23	ミネソタ大学ツインシティ校	○		○	
24	ニューヨーク州立大学アルバニー校	○			
25	カリフォルニア大学サンタバーバラ校	○			
26	メリーランド大学カレッジパーク校	○			
27	イェール大学	○			
28	ブラウン大学	○		○	
29	カリフォルニア大学デービス校	○			
30	イリノイ大学アーバナシャンペーン校	○		○	
31	アイオワ大学	○			
32	ブランダイス大学	○		○	
33	ニュースクール大学	○	○		

World Report 誌以外にもいくつかのランキングの試みが行われている。したがって、先に一つの試みに依拠して、対象校を決定したのは正しいことだったのだろうか。その他の試みの代表的なものを挙げれば、フロリダ大学のもの、ヴァンガード・カレッジのものなどが挙げられる。しかしこれらのランキングは、我々の調査にとっては、重大な一つの問題をもっていた。それは、両ランキング共に、今のところ社会学分野のランキングが見あたらず、大学全体のランキング、あるいは一部の分野のランキングであるということである。従ってこれらのランキングは、直接的には使えなかった。しかしこの二つを見てみても[22]、我々の選択した大学は幾つかの例外(ニュースクール大学、ブランダイス大学など、人文社会科学を中心とした大学)を除いて上位に位置づけられている。従って、我々の訪問=インタビュー調査の対象は、決して間違ったものではなかったことが改めて証明されたと言えるのではないだろうか。

【注】
1 Talcott Parsons, The American University, co-authored with Gerald M. Platt and in collaboration with Neil J.Smelser, Editorial Associate: Jackson Toby, 1973. 髙城和義『アメリカの大学とパーソンズ』日本評論社、1989年。特に第3章、第6章。
2 Hugh Davis Graham and Nancy Diamond, *The Rise of American Research Universities: Elites and Challengers in the Postwar Era*, Baltimore: The Johns Hopkins University, 1997, p15.
3 ピーター・ドラッカーは、このGI法がアメリカ知識情報社会の出発点であったと評価している。Peter Drucker, *The Post-Capitalist Society*, New York: HarperBusiness, 1993.
4 竹内洋は、日本においては社会的上昇移動を立身出世として劇化し、その作用因によって激しい受験競争がもたらされ、学歴偏重社会という虚像がつくられたことを実証した。次の著作を参照のこと。竹内洋『立身出世主義:近代日本のロマンと欲望』世界思想社、2005年。
5 髙城和義『パーソンズとアメリカ知識社会』岩波書店、1992年、306頁。
6 大学教育が生涯獲得賃金に与える影響について考察した論文については、Coleman and Rainwater(1978)を参照。
7 初期の大学ランキングの試みの記述は、次の文献を参照した。Hugh Davis Graham and Nancy Diamond, *The Rise of American Research Universities: Elites and Challengers in the 'Postwar Era*. Baltimore: Johns Hopkins University Press, 1997.
8 Raymond Hughes, *A Study of the Graduate Schools of America*. Oxford, OH: Miami University Press, 1925.
9 David S. Webster, "America's Highest Ranked Graduate Schools, 1925-1982." *Change* 15,

1983.
10 Hayward Keniston, *Graduate Study and Research in the Arts and Sciences at the University of Pennsylvania*. Philadelphia: University of Pennsylvania Press, 1959.
11 Allan Cartter, *An Assessment of Quality in Graduate Education*. Washington, D.C.: American Council on Education, 1966.
12 Kenneth Rose and Charles Andersen, *A Rating of Graduate Programs*. Washington, D.C.: American Council on Education, 1970.
13 Lyle Jones, Gardner Lindzey, and Porter Coggeshall, eds., *An Assessment of Research-Doctorate Programs in the United States*. Washington, DC: National Academy Press, 1982.
14 National Research Council, *Research-Doctorate Programs in the United States*. Washington, D.C.: National Academy Press, 1995.
15 McCormick, Alexander and Chun-Mei Zhoa, "Rethinking and Reframing the Carnegie Classification." *Change* 37 (5): 51-57, 2005 p.52
16 Carnegie Foundation 2000.
17 *U.S. News and World Report 2005 edition America's Best Colleges*, pp.80-81.
18 *U.S. News and World Report* 誌が行っているランキングに関する様々な批判に関しては、次のサイトを参照した。http://en.wikipedia.org/wiki/College_and_university_rankings（2006年12月12日検索）
19 http://www.utexas.edu/world/univ/state/（2004年秋検索）
20 カルフーン氏とのインタビュー（2005年3月15日）
21 この調査企画は諸般の事情から秋吉美都氏へのインタビューを除いて未だ行われていない。アメリカにおいてPh.D.を取得した研究者の果たす役割は重要である。この調査企画は、より大きなプロジェクトとして、今後是非実現したいと考えている。
22 http://thecenter.ufl.edu/research.html、http://www.jajnsn.com/vanguarduniversities/index.php（2006年12月12日検索）

第2章　調査結果の概要

　本章の目的は、先に選定した33大学の博士教育プログラムを分析することで、アメリカの研究大学において教えられている社会学の特徴を浮き彫りにすることにある。調査結果は大別して二つに分かれる。一つは、対象校33大学のPh.D.プログラムのカリキュラムを精査・分析した結果である。もう一つは面接調査とメール調査の結果である。まず二つの調査結果のデータを提示し、次に調査結果を分析し、社会学の博士教育プログラムの現状と特徴に接近する。

1.　研究大学・大学院の社会学教育プログラム

　対象校の博士教育プログラムを精査・分析し、その結果を提示する前に、その結果を適切に理解するために、その博士教育プログラムの前提になる制度・組織部分を最低限度に止めながら指摘しておかなければならないだろう。それは以下のことである。

　先述のようにアメリカにはPh.D.の授与を目的とする研究大学が261存在する。こうした研究大学では、人文科学、社会科学、自然科学の専門分野(Discipline)ごとに構成された学部(Department)を取りまとめる機関として、

Graduate School of Arts and Sciences、School of Arts and Sciences が置かれている[1]。社会学は、政治学、経済学、人類学と同様に、それらを構成する独立した一つの学部として位置づけられている。日本との比較で興味深い点は、時代のニーズに適合した新しい学部が創設される日本の大学とは異なり、アメリカの研究大学では専門分野が学部を構成する単位として確立されていることである。学際的なアプローチによる研究分野（例えば地域研究）は学部を横断するプログラム、ワークショップ、センターという形で提供されている。各学部はこうした研究機関と連携して、教育力・研究力を高めるための共同研究や人的交流を行っている。

また、研究大学の大学院はPh.D.学生を養成することを目的としており、MAの学位取得を目的とする学生は受け入れていない[2]。こうした研究大学では、大学院はGraduate School of Arts and Sciencesと呼ばれ、人文科学、社会科学、自然科学の諸学部は、組織上その下に置かれている。社会学部は、言語学や統計学と同様に、大学院を構成する一つの学部と位置づけられている。よって、ディシプリンごとに構成されたアメリカの大学院の特徴として、学部ごとの研究・教育上の自律性、凝縮性、帰属性が高い点を指摘することができる。

学部の自立性、凝縮性、帰属性は、研究大学を成り立たせている基盤とも言えるであろう[3]。では、こうした特徴を生み出す構造的要因は何なのであろうか。研究大学の学部の組織形態を見てみることにする。まず、研究大学院の学部（Department）には、日本の学部長に当たるChairと呼ばれるポストがある。Chairは強いリーダーシップを発揮して、学部の拡大・強化・向上を担うことが求められている。Chairの権限は日本の学部長のそれをはるかに凌ぎ、優れた業績を持つ教員を他大学から引き抜いたり、卒業生から寄付金を集めたりすることも、Chairの重要な仕事になる[4]。教員の数などの学部の規模は、組織上の上位機関に当たる大学院のDean（大学院長）によって決定されるが、Chairのリーダーシップによっては学部に有利な決定がなされる[5]。大学内外における学部の評価を向上させる使命を負ったChairにとって、幅広いサブフィールドをカバーできる教授陣を揃えることで、研究大学の学部

としてふさわしい教育力と研究力を揃えることができる。従って、Chairは、研究はもとより、こうした学内外での交渉スキルが評価の対象となる。こうしたスキルが研究者としての能力として評価されるのもアメリカの研究大学の特徴である。

　Chairは大学院(Graduate)そして学部(Undergraduate)のカリキュラムの責任者であるDirector of Graduate Studies(DGS)そしてDirector of Undergraduate Studies(DUS)に支えられている。DGSの場合、大学院カリキュラム全般を管理しており、Ph.D.プログラム(コースワーク、セミナー、ワークショップ、MA論文、総合試験、プロポーザル、Ph.D.論文)における学生の進度状況を把握し、プログラムがいかに優れた研究者の養成に貢献しているかという効率性・生産性の観点から自己評価を行っている。この観点はU.S. News & World Report誌などの外部の評価機関が行う大学ランキングとも密接に関わっており、Ph.D.プログラムのカリキュラムはこうした自己評価と外部評価を通じて、DGSを中心とした教員たちによって数年ごとに見直されるのが通例である。更に、こうした教員たちをサポートする事務職員そして大学院生の存在は大きく、教員、事務職員、学生といった三者の協力関係が学部を成り立たせている[6]。こうした学部組織が殆どすべてのリサーチ・ユニバーシティで偶然にも採られており、後に詳述するが学部組織の自立性と画一性がアカデミック・マーケットの形成を容易にしたのである[7]。

　もっとも、学部の自立性といっても、それは学部の治外法権を意味しない。多くの学部が一つのスクールに所属するところから、各学部は、その研究・教育の成果、学生の獲得、研究資金の導入などを巡って、他大学の学部と激しい競争関係に立つとともに、所属のスクール全体、ひいては大学全体から多くのプレッシャーがかかり、その競争の結果の如何によっては教員数を減らされたり、研究室を減らされたりすることになる。

　それでは、33大学のPh.D.プログラムの情報を提示することにしよう。各大学の特徴を浮き彫りにするために、カリキュラムを次のような比較可能な項目に沿ってまとめることにした[8]。

●学生と教員

●Ph.D.カリキュラム

　1. 授業(理論、統計、メソッド)

　2. プロセミナー

　3. MA論文と口答試験

　4. 総合試験と口答試験

　5. Ph.D.論文

●奨学金

●ワークショップ

●研究機関

　なお、大学名の前に付けられた番号は*U.S. News & World Report* 誌によるランキングの順位である。

【1】カリフォルニア大学バークレー校　社会学部

http://sociology.berkeley.edu/

【教員と学生】

　教員(教授：18人、准教授：4人、助教授：5人)：27名

　名誉教授：12人

　アフィリエィティッド：10人

　客員教授：11人

　平均入学者数(Ph.D.)：20人

【Ph.D.プログラム】

　1. 授　業

　学生はPh.D.プログラムに入学するが、その途中でMAを取得することになる。MA取得に必要な授業単位数は26ユニットである。必修科目には、理論、メソッド、統計学が含まれている。271番台は社会学のメソッドを習得

する授業であるが、271Aはフィールドワークと比較歴史研究の手法を学び、271B-Cは統計学を利用した計量調査の手法を学ぶ。カリフォルニア大学バークレー校の他に、定性メソッドをPh.D.プログラムの必修科目にしているのは、33校のなかでハーバード大学、ノースウェスタン大学、ペンシルベニア大学、テキサス大学オースティン校、オハイオ州立大学、ブランダイス大学、ニュースクール大学である。また、学生は社会学のサブフィールドに関する授業の中から、最低六つの授業を履修することになっている。

一必修科目
　●理論(2コマ)
　　＊Sociology 201 社会学理論(Sociological Theory)
　　＊Sociology 202A 近代社会学理論(Classical Theory)
　　あるいは
　　＊Sociology 202B 現代社会学理論(Contemporary Theory)
　●メソッド(4コマ)
　　Soc 271A-B-C 社会学リサーチ・メソッド(Sociological Research Methods)
　　以下の272番台と273番台のなかから一つ選択
　　＊Soc 272A 社会調査の論理(Logic of Inquiry)
　　＊Soc 272B サーベイ・リサーチ(Survey Research Methods)
　　＊Soc 272C 比較歴史メソッド(Comparative Historical Methods)
　　＊Soc 272D 統計リサーチ(Statistical Research Methods)
　　＊Soc 272E 参与観察の手法(Participant Observation Methods)
　　＊Soc 272F インタビューの手法(Interview Methods)
　　＊Soc 273台は上記の授業の上級コースである。
　●統　計
　　統計の授業はSoc 271Bのなかに含まれる。

2. プロセミナー
　1年目の学生に対して、社会学部の教員の研究関心を紹介するプロセミナーを行っている。プロセミナーは単位にはならないが、すべての1年目の

学生が参加することが義務付けられている。

3. リサーチ・ペーパー

MA取得の条件として、学生はリサーチ・ペーパーを提出しなければならない。リサーチ・ペーパーを書くにあたり、学生は2人の教員からなるMA委員会を作り、その指導を受ける。リサーチ・ペーパーは2人のMA委員からの承認が必要である。

4. MA委員会とPh. D. プログラムへの進学

授業とリサーチ・ペーパーを終えると、学生はMA委員会そしてアドバイザー(指導教員)により、Ph.D.プログラムを続けるのが適切であるかどうかの評価を受ける。評価が不適切となった場合は、MAを取得してプログラムを終えることもありうる。MA修了に必要な単位、リサーチ・ペーパー、MA委員会の審査は、3年目の第5セメスターまでに終えなければならない。

5. 候補試験(Qualifying Exam)

博士候補試験には口答試験と筆記試験の2種類があるが、多くの学生は口答試験を選択する。口答試験の内容は、二つのサブフィールドと理論に関する知識を問うものである。学部が認めているサブフィールドは以下にようである。候補試験を受験する前に、すべてのコースワークを終了していることが必要である。候補試験は、4年目が終了するまでに合格しなければならない。

サブフィールド
1) 理論
2) 逸脱(Deviance)
3) 人種・民族関係
4) 政治社会学
15) 教育
16) 健康と医療
17) 法律
18) 地域研究

5) 組織
6) 産業社会学
7) 家族・ライフサイクル
8) 社会階層と階級分析
9) 開発と近代化
10) 宗教
11) 都市社会学
12) 社会心理学
13) ジェンダーとフェミニスト理論
14) 文化
19) 経済と社会
20) 職業
21) 社会運動
22) 比較歴史社会学
23) 知識・科学の社会学
24) 質的・解釈社会学
25) 人口統計学
26) 環境社会学
27) 農村社会学
28) セクシャリティ

6. Ph. D. 論文プロポーザル

博士候補試験終了後に、学生は社会学部の教員2名と他学部の教員1名からなる論文審査委員会を形成する。プロポーザルはおよそ4,000-5,000単語でまとめられ、研究課題、理論的貢献、研究方法、研究計画、論文審査委員の氏名が含まれていなければならない。

【ワークショップ】

学際移民研究(Interdisciplinary Immigration)
  http://www.iir.berkeley.edu/immigration/index.html

【研究機関】

社会学部の教員と学生は以下のような研究機関を通じて、共同研究、学際的研究、インターンシップなどを行っている。

1. 中国研究センター(Center for Chinese Studies)
  http://ieas.berkeley.edu/ccs/
2. 東アジア研究所(Institute of East Asian Studies)
  http://ieas.berkeley.edu/

3. 文化・組織・政治センター（Center for Culture, Organizations and Politics）
   http://socrates.berkeley.edu/~iir/culture/index.html
4. 労働家族センター（Center for Working Families）
   http://wfnetwork.bc.edu/berkeley/
5. 人間開発研究所（Institute of Human Development）
   http://ihd.berkeley.edu/
6. 産業関係研究所（Institute of Industrial Relations）
   http://socrates.berkeley.edu/~iir/
7. 国際研究研究所（Institute of International Studies）
   http://globetrotter.berkeley.edu/
8. ラテンアメリカ研究センター（Center for Latin American Studies）
   http://socrates.berkeley.edu:7001/
9. 法律・社会研究センター（Center for the Study of Law and Society）
   http://www.law.berkeley.edu/centers/csls/
10. スラブ・東ヨーロッパ研究センター（Center for Slavic and East European Studies）
    http://socrates.berkeley.edu/~iseees/
11. 社会変動研究所（Institute for the Study of Social Change）
    http://issc.berkeley.edu/
12. 都市・地域開発研究所（Institute of Urban and Regional Development）
    http://www-iurd.ced.berkeley.edu/
13. サーベイ・リサーチ・センター（Survey Research Center）
    http://srcweb.berkeley.edu/

【1】ウィスコンシン大学マジソン校　社会学部

http://www.ssc.wisc.edu/soc/

【教員と学生】

教員（教授、准教授、助教授）：60人

名誉教授：7人

平均入学者数(Ph.D.)：25-30人

【Ph.D.プログラム】
1. 授業
　社会学理論やメソッドは学部で履修していることが望ましいが、学部で社会学を学ばなかった学生のために、基礎的な理論とメソッドの授業が用意されている。修士課程修了のためには24単位を取得しなければならない。必修科目は理論、統計学、メソッドである。計量社会学に力を入れており、統計学は大学院カリキュラムのなかでも重要な地位を占める必修科目である。
―必修科目
　●理　論
　　Soc 475 古典社会学理論（Classical Sociological Theory）
　　あるいは
　　Soc 773 中級社会学理論（Intermediate Sociological Theory）
　●統　計
　　Soc 361 社会学者のための統計学（Statistics for Sociologists II）
　　Soc 362 社会学者のための統計学III（Statistics for Sociologists III）
　●メソッド
　　Soc 357 社会学調査のメソッド（Methods of Sociological Inquiry）
　　あるいは
　　Soc 750 社会学のリサーチ・メソッド（Research Methods in Sociology）

　残りの単位は、学生の選択による。修士号を取得するためには、論文を書いて口答試験に合格しなければならない。Ph.D.学生は上記の授業に加えてSoc 903-989 大学院セミナー（4セメスター）を履修しなければならない。

2. プロセミナー
　社会学部の教員と研究プロジェクトについて学ぶプロセミナーを履修することがすべての学生に義務付けられている。

3. MA論文

学生は質・形式ともに学術論文に匹敵するMA論文を提出しなければならない。

4. 準備試験(Preliminary Examinations)

Ph.D.候補生になるためには、二つのサブフィールドに関する筆記試験(1科目6時間)と一つの口答試験に合格しなければならない。4年目終了までに、準備試験に合格して博士候補生にならなければならない。

ウィスコンシン大学のサブフィールドは次のように多岐に渡る。それぞれのサブフィールドごとに、教員の研究関心と一致するようになっている。

1. 階級分析と歴史的変動(Class Analysis and Historical Change)
2. コミュニティと都市社会学(Communities and Urban Sociology)
3. 人口統計学と生態学(Demography and Ecology)
4. エスノメソドロジーと会話分析(Ethnomethodology and Conversation Analysis)
5. 逸脱、法律、社会統制の社会学(Sociology of Deviance, Law, and Social Control)
6. 経済社会学(Economic Sociology)
7. 環境と資源の社会学(Environmental and Resource Sociology)
8. メソッドと統計学(Methods and Statistics)
9. 組織・職業分析(Organizational and Occupational Analysis)
10. 政治社会学(Political Sociology)
11. 人種・民族研究(Race and Ethnic Studies)
12. 科学と技術の社会学(Sociology of Science and Technology)
13. 社会運動とコレクティブ・アクション(Social Movements and Collective Action)
14. 社会心理学とミクロ社会学(Social Psychology and Microsociology)
15. 社会階層(Social Stratification)
16. 農業・食糧システムの社会学(Sociology of Agriculture and Food Systems)
17. 経済変化と開発の社会学(Sociology of Economic Change and Development)
18. 教育社会学(Sociology of Education)

19. 家族社会学（Sociology of the Family）
20. ジェンダー社会学（Sociology of Gender）
21. 法と社会の社会学（Sociology of Law and Society）
22. 一般社会理論（General Social Theory）

5．Ph. D. 論文
　学生はPh.D.論文を提出し、口頭試問（ディフェンス）に合格しなければならない。

【奨学金】
　入学者の数名の優秀な学生には、4-5年間の大学奨学金（University Fellowships）が保証されるが、たいていの学生は外部の奨学金か自己資金によって少なくとも最初の年の授業料と生活費を支払わなければならない。2年目以降は、ティーチング・アシスタントやリサーチ・アシスタントになることができるので、授業料、保険、生活費が支給される。2004-2005年（9カ月）の実績では、大学奨学生（University Fellows）で$14,688、ティーチング・アシスタントで$11,263、リサーチ・アシスタントで$14,526の報酬を受けている。

【研究機関】
　社会学部の教員と学生は以下のような大学付属の研究機関を通じて、共同研究、学際的研究、インターンシップなどを行っている。

1. ヘイブンスセンター（Havens Center）
　　http://www.havenscenter.org/index.htm
2. 人口統計・生態学センター（Center for Demography and Ecology）
　　http://www.ssc.wisc.edu/cde/
3. Theory@Madison
　　http://www.ssc.wisc.edu/theory@madison/home.html
4. 貧困問題研究所（Institute for Research on Poverty）

http://www.irp.wisc.edu/
5. 健康と高齢化の人口統計学センター（Center for Demography of Health and Aging）
　　http://www.ssc.wisc.edu/cdha
6. ウィスコンシン大学サーベーイ・センター（University Wisconsin Survey Center）
　　http://www.uwsc.wisc.edu/
7. アメリカ社会学評論（American Sociological Review）
　　http://www.asanet.org/journals/asr/

『アメリカ社会学評論』の事務局校になっていることから、全米の社会学部のハブとしても機能している。

【3】シカゴ大学　社会学部

http://sociology.uchicago.edu/

【教員と学生】

教員（教授：15人、准教授：2人、助教授：6人）：23人

名誉教授：6人

客員教授：2人

講師：1人

平均入学者数（Ph.D.）：15人

【Ph.D.プログラム】

1. 授　業

シカゴ大学の社会学部は1892年に全米で最初に設立された社会学部である。社会学部の自由の伝統はカリキュラムにも生かされており、個々の学生に適したカリキュラムに基づいて研究できるようになっている。

プログラム修了に必要な単位はMAを持っている学生とそうでない学生によって異なる。MAを持っていない学生は18コース（語学含まない）、MAを持っている学生は15コース（語学含まない）を修了しなければならない。

—必修科目

●理論(1コマ)
　社会学理論の授業を一つ選択(1年目)
●統計(2コマ)
　統計メソッド 1 & 2 (Statistical Methods of Research 1 & 2)
●メソッド(2コマ)
　社会学的調査1 & 2 (Sociological Inquiry 1 & 2) (1年目)

2. 語　学

　学生は英語以外の言語を習得したことを証明するために、語学能力試験に合格しなければならない。英語以外の語学能力を求めているのは、33校のなかではシカゴ大学、プリンストン大学、ジョンズホプキンス大学、ニュースクール大学である。

3. 準備試験(Preliminary Examination)

　学生は2年目のはじめに、二つの授業にもとづいた理論と選択した文献に関する試験を受ける。準備試験は、社会学のサブフィールドにおける知識の習熟度をはかることが目的である。

4. MAリサーチ・ペーパー

　MA修了の条件として、学生は出版可能なレベルの論文を書かなければならない。

5. 専門領域試験(Special Field Examinations)

　学生は二つの専門領域における試験に合格しなければならない。試験の方法は、自宅に持ち帰って1週間以内に提出するか、学部で受験し4時間以内に回答するかの2種類あり、どちらかの方法を選択することができる。最も一般的に取られる専門領域は、コミュニティ構造、人口統計学、生態学、経済・職業制度、文化、教育制度、家族と社会化、フォーマル組織、数理社会学、近代化、社会構造、政治組織、人種・民族関係、小集団、社会変革と社会運

動、社会階層、そして都市社会学である。

　社会学部のサブフィールドは教員の研究関心により分類され、学生も自らの研究関心に近いサブフィールドに属して訓練を受けることになる。ちなみに、シカゴ大学社会学部のサブフィールドは次のように分類されている。

1) 文化社会学（Sociology of Culture）
2) 教育社会学（Sociology of Education）
3) ジェンダー、家族、フェミニスト理論（Gender, Family, and Feminist Theory）
4) 健康と医療の社会学（Sociology of Health and Medicine）
5) メソッドとモデル（Methods and Models）
6) 組織（Organizations）
7) 人口（Population）
8) 階層（Stratification）
9) 社会理論（Social Theory）
10) トランスナショナル・プロセスの社会学（Sociology of Transnational Processes）
11) 都市社会学（Urban Sociology）

【ワークショップ】
　シカゴ大学では、大学内の研究機関と学部と共同で、教員と学生が学部の枠を越えて参加できるワークショップが存在する。以下はその例である。

1. 人口統計（Demography）
　　http://www.src.uchicago.edu/prc/events.html
2. 東アジア：社会・政治・経済（East Asia: Society, Politics, and Economy）
　　http://cas.uchicago.edu/workshops/eastasia/
3. 教育（The Workshop on Education）
　　http://cas.uchicago.edu/workshops/edu/
4. ジェンダー・セクシャリティ研究（Gender and Sexuality Studies）
　　http://genderstudies.uchicago.edu/
5. 社会理論（Social Theory）

　　　　http://cas.uchicago.edu/workshops/soctheor/
　6. グローバリゼーションの社会学(The Sociology of Globalization)
　　　　http://cas.uchicago.edu/workshops/scg/
　7. 都市社会のプロセス(Urban Social Processes)
　　　　http://cas.uchicago.edu/workshops/urban/

【奨学金】
　すべての学生に奨学金が支給されているわけではないが、授業料や生活費を支給する大学院の奨学金制度がある。奨学金のほかに、ティーチング・アシスタントやリサーチ・アシスタントがあるので、多くの学生にそうした機会が与えられている。

【3】ミシガン大学アナーバー校　社会学部

http://www.lsa.umich.edu/soc/default.asp

【教員と学生】
　教員(教授、准教授、助教授)：35人
　名誉教授：12人
　講師：5人
　アフィリエイティド：11人
　平均入学者数(Ph.D.)：20人

【Ph. D. プログラム】
　Ph. D.の学位を取得するために、学生は厳密にデザインされたカリキュラムに沿って、以下に示す五つのトレーニングを修了しなければならない。

　1. 授　業
　学生は以下の四つの必須科目を履修することが義務付けられている。
　1)「社会学の理論と実践」(Sociology 505, 506)：入学1年目の学生を対象とし

た社会学の基礎の授業。
2)「社会学的調査の論理と戦略」(Sociology 507)：入学1年目の学生を対象とした授業で、学生は科学の哲学、実践研究の方法論、社会学的解釈について学ぶ。
3)「統計学」(Sociology 510, 610)：入学1年目の学生を対象とした1年間に及ぶ統計学の連続講義である。
4)「リサーチ・プラクティカム」：前・後期通年のセミナーを通じて様々な実践的経験を積むことを目的としている。学生は以下のテーマの中から最低一つを履修しなければならない：1.デトロイト地域研究(Sociology 512, 513)、2.フィールド・メソッド(Sociology 522, 523)、3.比較・歴史メソッド(Sociology 532, 533)、4.計量的メソッド(Sociology 542, 543)

その他、選択科目として、最低四つの授業を選択し、36時間のコースワークの単位を修得しなければならない。そのうち最低三つはフィールドあるいは基幹コースから選択しなければならない。

2. プロフェッショナル・ペーパー

学生は雑誌や学会で発表できるレベルのプロフェッショナル・ペーパーを書くことが要求される。学生はプロフェッショナル・ペーパーを書くことで、論文を書くための能力と経験を習得するとともに、リサーチ・セミナーが免除され、選択科目の数を5から4に軽減される。

3. 準備試験

学生は社会学のサブフィールドにおいて二つの準備試験に合格し、十分な能力が備わっている事を証明しなければならない。第1準備試験では、学生は次の九つのサブフィールドから一つの試験に合格しなければならない。1. 権力・歴史・社会変化、2. 社会心理学、3. 文化と知識、4. ライフ・コースの社会学(Sociology of Life Course)、5. 経済社会学と組織、6. 健康と老い、7. 人口統計学、8. ジェンダーとセクシャリティ、9. 人種と民族。各サブフィー

ルドにはリーディング・リストがあり、それをもとに教員が試験問題を作成する。試験は6時間の筆記試験で、試験中に参考書を参照することは許されない。試験は最低3名の教員によって採点される。通常、第1準備試験は2年目が終了した後に受けるのが一般的である。

第2準備試験は前述の九つのサブフィールドの中からもう一つ選択するか、3人の審査委員が認めた個別の研究分野に関する筆記試験の形態をとる。第2準備試験の位置づけは、学生がPh.D.論文の執筆準備の段階で必要になる知識を身につけることである。通常、第2準備試験は3年目か、遅くとも4年目の終わりまでに合格していなければならない。

4. Ph.D.論文プロポーザル(Dissertation Prospectus)

学生は二つの準備試験に合格してから1年以内に、Ph.D.論文プロポーザルを提出しなければならない。プロポーザルはPh.D.論文で検証される研究問題を明確に提示し、どのような研究アプローチでその問題に対処していくかを述べなければならない。プロポーザルの様式は、250語以内の要旨(含:タイトル、学生の名前、論文審査委員の名前)、本論、そして先行研究のリストという体裁をとる。

5. Ph.D.論文

提出されたPh.D.論文は、大学院から承認された論文審査委員会によって厳密に審査される。論文審査委員かは4人の教員からなり、2人は社会学部の教員で、最低1人は学部外の教員でなければならない。

【奨学金】

The Block Grant：学会出席のための旅費、インタビュー、コピー、その他の研究費用を学部が提供する。

Ph.D.論文グラント：論文執筆にかかる費用を援助するもの。300-2,500ドル。10月と3月の2回申請することができる。

1学期論文執筆フェローシップ：学費と登録費の免除。さらに6,000ドルの生活費。論文を提出する学期のみに適用される。

The Rackham Predoctoral Fellowship：学部により推薦された学生が大学院から月額2,000ドル(12カ月)のフェローシップを受ける事ができる。被推薦者は応募時にPh.D. Candidateになっていなければならない。毎年約200名の応募者の中から60人が選ばれる。

The Susan Lipschutz, Margaret Ayers Host and Anna Olcott Smith Awards for Women Graduate Students：各学部から推薦された女子学生の中から3名が大学院から5,000ドルの奨学金を給付される。被推薦者は応募時にPh.D. Candidateになっていなければならない。

【研究機関】
1. 社会調査研究所(The Institute for Social Research)
    http://www.isr.umich.edu/home/
   世界的に影響力のある社会科学の総合研究所の一つ。社会学者、心理学者、政治学者、経済学者、人類学者、その他の学部からの研究者が集まり、広範囲な公共利益に関する基礎的・応用的研究を行っている。ここでもPh.D.論文執筆のための奨学金が提供されている。

2. 人口研究センター(The Population Studies Center)
    http://www.psc.isr.umich.edu/
   社会学者、経済学者、公衆衛生の専門家が生死、移動、社会的不平等、家族、人種の人口統計学的研究をおこなっている。

【5】スタンフォード大学　社会学部

http://www.stanford.edu/dept/soc/

【教員と学生】

　教員(教授、准教授、助教授)：19人

　名誉教授：9人

　平均入学者数(Ph.D.)：6-10人

【Ph.D.プログラム】

　1. 授　業

　スタンフォード大学社会学部はマスターレベルの学生の入学を認めていない。しかし、学生はPh.D.プログラムの過程で、45ユニットのコースワークを修了すると、MAを取得できるようなカリキュラムになっている。必修科目は基礎、理論、メソッド、統計である。

一必修科目

- ●基礎(以下の科目から四つを選択)
  - ＊SOC 310 政治社会学(Political Sociology)
  - ＊SOC 314 経済社会学(Economic Sociology)
  - ＊SOC 318 社会運動と集合行為(Social Movements and Collective Action)
  - ＊SOC 320 社会心理学の基礎(Foundations of Social Psychology)
  - ＊SOC 322 社会的相互作用、社会階層、社会交換(Social Interaction, Social Structure and Social Exchange),
  - ＊SOC 340 社会階層(Social Stratification)
  - ＊SOC 360 組織社会学の基礎(Foundations of Organizational Sociology)
- ●理論(2コマ)
  - SOC 370 古典社会学理論
  - SOC 372 理論発展とリサーチ・デザイン
- ●メソッド(4コマ)
  - SOC 381. 社会学メソッド入門(Soc Methodology I: Introduction)
  - SOC 382. 一般リニアモデル(Soc Methodology II: General Linear Model)
  - SOC 383. 離散的結果の上級モデル(Soc Methodology III: Advanced Models for Discrete Outcomes)

SOC 384. 新モデルとメソッド（Soc Methodology IV: New Models and Methods）

2. プロセミナー

1年目の学生は秋クォーターにプロセミナーに参加することが義務付けられている。プロセミナーは、イントロダクションそしてオリエンテーションの役割を持っており、社会学はどのような学問であるのかを学生に紹介することが主な目的である。学生はプロセミナーを通じて、自らの研究関心に近い教員を指導教員に選択することになる。

3. ショート・ペーパー

2年目が終了するまでに、学生はthe second-year paperと呼ばれるショート・ペーパーを仕上げなければならない。ペーパーのテーマは社会学の理論的、経験的、方法論に関するものでなければならない。指導教員を含む2人の教員からなる審査委員会がペーパーを評価する。ショート・ペーパーはMA取得のために必要な条件ではない。

4. Ph.D. 論文プロポーザル

Ph.D.論文を執筆する前に、学生はプロポーザルを執筆し、口答試験に合格しなければならない。

5. サブフィールド

スタンフォード大学社会学部では、以下のようなサブフィールドが設けられている。

1. 組織、ビジネス、経済
2. 人種・民族関係
3. 社会運動、比較政治、社会変動
4. 社会心理学と人間関係過程
5. 社会階層と不平等

【奨学金】

　すべての入学者に対して、5年間の奨学金が保証される。奨学金の内容は、学部からの奨学金、ティーチング・フェローシップ、そしてリサーチ・フェローシップである。そのほか、2年分の夏の奨学金を受け取ることができる。

【研究機関】

　社会学部の教員と学生は以下のような研究機関を通じて、共同研究、学際的研究、インターンシップなどを行っている。

1. 社会研究センター（Center for Social Research）
2. 青年問題研究センター（The Stanford Center for Adolescence）
　　http://www.stanford.edu/group/adolescent.ctr/
3. 行動科学高等研究センター
　　（Center for Advanced Study in the Behavioral Sciences）

【5】ノースキャロライナ大学チャペルヒル校　社会学部

https://sociology.unc.edu/

【教員と学生】

　教員（教授16人、准教授2人、助教授5人）：23人
　兼任教授：2人
　名誉教授：8人
　平均入学者数（Ph.D.）：12-13人

【Ph. D. プログラム】

　社会学部は1920年にH. オーダム（Howard W. Odum）により創立される。

1. 授　業
　Ph. D. プログラムを修了するためには、36時間のコースワークを修了しな

ければならない。コースワークの大まかな内訳は次のようである。MA取得のための30時間の授業履修による単位とPh.D.論文執筆のための6時間のセミナー(Sociology 394: Doctoral Dissertation)の履修による単位。学生は社会学方法論(Methodology course)と社会学理論(Theory course)の授業を取ることが必須となっている。論文指導セミナーは指導教員との1対1のチュートリアル形式で学生が選択した分野における研究を進める。

一必修科目
  ●理論(1コマ)
     Soc. 700 社会思想の歴史(History of Social Thought)
  ●メソッド(4コマ)
     Soc 707 計量とデータ集計(Measurement and Data Collection)
     Soc 708 社会学者のための統計(Statistics for Sociologists)
     Soc 709 リニア・リグレッション・モデル(Liner Regression Models)
     Soc 711 カテゴリー・データ分析(Analysis of Categorical Data)

2. MAペーパー
学生はMAペーパーを執筆して、口頭試問(ディフェンス)をパスしなければならない。MAペーパーはPh.D.プログラム進学を許可するか否かを判断する一つの指標である。

3. 総合試験(Comprehensive Examination)
学生は社会学の二つのサブフィールドにおける知識の修得度を試す筆記試験に合格しなければならない。筆記試験のフォーマットは、六つの質問のうち四つを回答するもので、午前8時から午後5時までのうちに答えをまとめなければならない。これに加えて、2006年度からサブフィールドの発展の歴史、著名な作品、重要な理論・概念、現在の議論について25ページくらいのペーパーを書くというフォーマットが新しく導入された。

社会学部が認めている12のサブフィールドは以下の通りである。1. 構造論、2. 仕事と職業、3. 経済社会学、4. 社会運動、5. 比較・歴史社会学、

6. ライフコース・家族研究、7. 社会階層、8. 社会心理学、9. 宗教社会学、10. 計量方法論、11. 社会理論、12. 人口統計学と人間生態学。

【奨学金】
　入学するすべての学生に4年間の奨学金が用意されている。奨学金の内容は、授業料の免除、生活費、健康保険である。その他にもノースキャロライナ大学には次のような奨学金がある。

1. ティーチング/リサーチ・アシスタントシップ
　　学部の授業のアシスタントや教員のリサーチのアシスタントの機会がある。
2. Dissertation Completion Research Fellowships
　　博士課程の学生が応募できるが、どのくらいの割合でもらえるかは分からない。内容は授業料・登録費の免除、健康保険、生活費の支給である。
3. Off-campus Dissertation Research Fellowship
　　フィールドワークが必要な学生に対する奨学金。内容は授業料・登録費の免除、保険、生活費の支給である。
4. Society of Fellows Dissertation Fellowships
　　論文を仕上げるための奨学金であるが、上記のDissertation Completion Research Fellowshipsよりも上級のものである。内容は上記のものに旅費が加わっている。
5. Smith Graduate Research Grants
　　論文の執筆にかかる諸経費を軽減するための奨学金。
6. Transportation Grants
　　学会発表などのためにかかる旅費を支給するもの。

【研究機関】
　ノースキャロライナ大学社会学部の特徴は、学部と提携した数多くのセンターで共同研究を行っていることである。そのなかには、州政府やデューク

大学とノースキャロライナ州立大学と共同で設立した研究センターもある。

1. Social Forces：1922年より発行されている研究論文掲載雑誌。全米そして世界的に認められたジャーナル。
2. オーダム研究所（The Odum Institute）
    http://www2.irss.unc.edu/irss/home.asp
    1924年にオーダム（Odum）によって設立される。社会科学全般の諸問題を研究する機関。本研究所は全米で3番目に大きなアーカイブを持っており、国内外の経済、電子、人口統計、金融、保健、世論、その他のデータを提供している。
3. 児童発達研究所（The FPG Child Development Institute）
    http://www.fpg.unc.edu/
    1966年にF. H. グラハム（Frank Porter Graham）学長（上院議員）によって設立。8歳までの子供の成長と家族の福祉をテーマにした研究に従事。
4. キャロライナ人口センター（The Carolina Population Center）
    http://www.cpc.unc.edu/
    1966年に設立。55人の教授が所属している。
5. 健康サービス研究センター（The Cecil G. Sheps Center for Health Services Research）
    http://www.schsr.unc.edu/
    個人・家族の健康を促進するための研究機関。150人のリサーチ・フェローが所属している。
6. 開発科学センター（The Center for Developmental Science）
    http://www.cds.unc.edu/
    1987年に近隣の3大学が開発理論の学際的研究を進めるために設立。
7. 研究トライアングル・インスティチュート（The Research Triangle Institute）
    http://www.rti.org/
    客観的、斬新な、学際的研究を通じて人類の生活環境を向上することを目的にした非政府組織。
8. 私企業研究所（The Frank Hawkins Kenan Institute of Private Enterprise）

http://www.kenan-flagler.unc.edu/KI/
1985年に本学のビジネススクールにより設立。私企業を促進する事が目的。
9. 高齢化研究所(The Institute on Aging) http://www.aging.unc.edu/
1996年にノースキャロライナ州議会によって設立。

【7】ハーバード大学　社会学部

http://www.wjh.harvard.edu/soc/index.html

【教員と学生】
教員(教授、准教授、助教授)：18人
平均入学者数(Ph.D.)：14人

【Ph.D.プログラム】
1. 授　業

Ph.D.を取得するためには、14コマの授業を履修しなければならない。そのうち、8コマはMA取得のために必要な単位である。ハーバード大学社会学部の特徴は、Soc 209 定性社会分析がメソッドの必修科目に入っていることである。ハーバード大学の他に、定性メソッドの授業を必修にしているのは、33校のなかでは、カリフォルニア大学バークレー校、ノースウェスタン大学、プリンストン大学、ペンシルベニア大学、テキサス大学オースティン校、オハイオ州立大学、ブランダイス大学、ニュースクール大学である。

―必修科目
1. 理　論
   Soc. 204 社会学理論(Sociological Theory)
   Soc. 208 現代理論とリサーチ(Contemporary Theory and Research)
2. メソッド
   Soc. 209 定性社会分析(Qualitative Social Analysis)

Soc. 202 定量メソッド中級（Intermediate Quantitative Methods）
Soc. 203a 定量社会学リサーチのメソッドI（Methods of Quantitative Sociological Research I）

2. リサーチ・ペーパー

学生は3年目が終了するまでにリサーチ・ペーパーを提出しなければならない。リサーチ・ペーパーは独自の解釈・分析を含み、既存研究に新しいパースペクティブを提示すものでなければならない。リサーチ・ペーパーは出版可能な質のものが求められており、3人の審査委員によって評価される。リサーチ・ペーパーはMA取得のために必要である。

3. 総合試験（General Examination）

総合試験は社会学の広範な領域をカバーする筆記試験と自らの専門分野に関する口頭試験からなる。筆記試験では、社会学を構成する複数のサブフィールドに関する知識を身につけたかどうかが問われている。学生は図書リストと過去問を参照しながら試験に備える。筆記試験は2年目の9月に行われる。口答試験では、学生の研究関心であるサブフィールドに関する知識が問われる。口答試験は3年目が終わるまでに合格しなければならない。

【ワークショップとセミナー】

社会学部は独自でまたは他学部との共同で、8つのワークショップとセミナーを開催している。テーマごとに分かれた研究会は、教員そして学生が自らの研究を発表して討論する場を提供している。

1. 不平等と社会政策セミナー（Inequality & Social Policy Seminar Series）
    http://www.ksg.harvard.edu/inequality/Seminar/Seminar.htm
2. 文化と社会分析ワークショップ（Culture and Social Analysis Workshop）
    http://www.wjh.harvard.edu/culture/
3. 家族と児童リサーチ・ワークショップ（Family and Childhood Research Workshop）

4. 移住と移民受け入れワークショップ（Migration and Immigrant Incorporation Workshop）
    http://www.wjh.harvard.edu/soc/mii/presentations.html
5. 経済社会学セミナー（Seminar on Economic Sociology）
    http://web.mit.edu/ewzucker/www/econsoc/
6. 応用統計学ワークショップ（Applied Statistics Workshop）
    http://courses.gov.harvard.edu/gov3009/
7. 複雑性と社会ネットワーク（Complexity and Social Networks）
    http://www.ksg.harvard.edu/netgov/html/colloquia_complexity.htm
8. 仕事・組織・市場セミナー（Work, Organizations & Markets Seminar）
    http://www.hbs.edu/doctoral/research/wip_wom_schedule.html

【奨学金】

入学してくるすべての学生に奨学金が用意されている。

【研究機関】

社会学部の教員と学生は以下のような研究機関において、共同研究に取り組む機会がある。

1. ボストン・リサーチ・コンソーシウム（Boston Research Consortium）
    http://vdc.hmdc.harvard.edu/VBC/
2. ハーバード・MITデータセンター（Harvard/MIT Data Center）
    http://www.hmdc.harvard.edu/
3. アメリカ政治研究センター（Center for American Political Studies）
    http://caps.gov.harvard.edu/
4. 健康政策リサーチ・プログラム（Health Policy Research Program）
    http://www.healthpolicyscholars.org/
5. 定量社会科学研究所（The Institute for Quantitative Social Science）
    http://www.iq.harvard.edu/
6. ウェザーヘッド国際問題センター（Weatherhead Center for International Affairs）

http://www.wcfia.harvard.edu/
7. ヨーロッパ研究センター (Center for European Studies)
　　http://www.ces.fas.harvard.edu/

【7】カリフォルニア大学ロサンジェルス校　社会学部

http://www.soc.ucla.edu/

【教員と学生】
教員(教授、准教授、助教授)：48人
名誉教授：12人

【Ph.D.プログラム】
1. 授　業

Ph.D.を修了するのに必要な単位数は50単位である。コマ数にすると11コマそして3コマ分のプロセミナーである。カリフォルニア大学ロサンジェルス校(UCLA)社会学部のカリキュラムの特徴は、定量・定性アプローチを含めた幅広いメソッドの授業を選択できるという点である。エスノグラフィック・フィールドワークや会話構造などの手法は、他の大学のメソッドの授業ではオファーされていない。社会学部が定める必修科目は以下の通りである。

―必修科目
　●理論(3コマ)
　　Soc 202A-B 社会学の理論とリサーチ(Theory and Research in Sociology)
　　Soc 204 社会学理論のトピック(Topics in Sociological Theorizing)
　●統計(2コマ)
　　Soc 210A-B 中級統計学
　●メソッド(4コマ：以下のシークエンスうちから二つを選択)
　　＊Soc 208A-B　社会ネットワークのメソッド(Social Network Methods)
　　＊Soc 211A-B 比較歴史社会学のメソッド(Comparative and Historical Methods)
　　＊Soc 213A-B 人口統計学メソッド入門(Introduction to Demographic Methods)

＊Soc 216A-B サーベイ・リサーチ・デザイン（Survey Research Design）
＊Soc 217B-C エスノグラフィック・フィールドワーク（Ethnographic Fieldwork）
＊Soc C244A-B 会話構造I & II（Conversational Structures I & II）

2. プロセミナー

1年目の学生は3クォーターにわたるプロセミナーを取ることが義務付けられている。プロセミナーは、教員が取り組んでいる様々なリサーチを学生に紹介する場を提供する。

3. MAペーパー

学生は2年目が終わるまでに、MAペーパーを提出して、MA委員会の審査を受けなければならない。MA委員会は学生から依頼を受けた2人の教員によって構成される。学生はMAペーパーにおいて、社会学の理論、メソッド、サブフィールドに関する知識を証明しなければならない。MAペーパーの狙いは、学生がPh.D.レベルの研究に従事する能力があるかどうかを試すものである。MAペーパーが承認されることで、MAの学位が与えられPh.D.プログラムを継続することができる。

4. 専門試験（Field Exams）

3年目のはじめに、学生はサブフィールドの選定とその試験の予定を委員会に知らせなければならない。専門試験は二つのサブフィールドに関する知識の達成度を試すものである。社会学部が定めるサブフィールドは、1)階級・政治・社会、2)比較民族・ナショナリズム、3)会話分析、4)経済社会学、5)エスノグラフィーのメソッド、6)エスノメソドロジー、7)国際移民、8)数理社会学、9)市民主体の問題処理制度、10)政治社会学、11)人種・民族、12)個人と社会、13)社会デモグラフィー、14)社会心理学、15)社会階層と社会移動、16)文化社会学、17)ジェンダー社会学、18)家族社会学、19)医療・健康社会学、20)都市・郊外社会学

5. 口頭候補試験(Oral qualifying exam)

専門試験に合格すると、学生はPh.D.委員会を作り、口頭試験に臨むことになる。この試験では、社会学全般の知識、学生の専門分野の知識、そしてPh.D.論文の計画が問われる。口答試験は専門試験合格後6カ月以内に受けなければならない。Ph.D.論文の要旨(2ページ)は2週間前までに教員と学生に配布されなければならない。また口頭候補試験の前に予行演習が行われるが、実際のプロポーザルはその予行演習までに委員会に提出しなければならない。専門試験と口頭候補試験に合格するとPh.D Candidate になる。

【研究機関】

UCLA社会学部は多くの研究センターの共同研究に参加している。以下はそうした機関の一例である。

1. 言語・相互作用・文化センター(Center for Language, Interaction, and Culture)
    http://www.sscnet.ucla.edu/clic/
2. ガバナンス・センター(Center for Governance)
    http://www.cfg.ucla.edu/index.php
3. 女性研究センター(Center for the Study of Women)
    http://www.csw.ucla.edu/
4. アメリカ社会・文化研究センター(LeRoy Neiman Center for the Study of American Society and Culture)
    http://leroyneiman.ucla.edu/
5. 社会科学調査研究所(Institute for Social Science Research)
    http://www.issr.ucla.edu/
6. アメリカ政治・公共政策研究センター(Center for American Politics and Public Policy)
    http://www.cappp.ucla.edu/
7. 家族の日常生活センター(Center on Everyday Lives of Families)
    http://www.celf.ucla.edu/
8. 健康と開発センター(Center for Health and Development)
    http://chd.ucla.edu/

9. 人種・民族・政治研究センター（Center for the Study of Race, Ethnicity, and Politics）
　　http://www.csrep.ucla.edu/
10. 社会理論と比較歴史センター（Center for Social Theory and Comparative History）
　　http://www.sscnet.ucla.edu/issr/cstch/
11. 都市貧困研究センター（Center for the Study of Urban Poverty）
　　http://www.sscnet.ucla.edu/issr/csup/index.php

【9】ノースウェスタン大学　社会学部

http://www.cas.northwestern.edu/sociology/

【教員と学生】
　教員（教授、准教授、助教授）：30人
　名誉教授：2人
　アフィリエィティッド：14人
　客員教授とポストドクター：9人
　平均入学者数（Ph.D.）：13人

【Ph.D.プログラム】
　ノースウェスタン大学社会学部は文化社会学の分野では全米でトップ。社会学部の伝統として、計量的メソッドの他にエスノグラフィーがメソッドの必修科目になっている。

　1. 授　業
　ノースウェスタン大学はクォーター制を採用している。社会学部のカリキュラムによれば、学生は3年間におよそ20-21の授業を履修することになる。統計学、メソッド、理論は必修で、それぞれの分野から二つ授業を履修しなければならない。403のフィールド・メソッドでは、参与観察やインタビューの方法を学ぶが、定性メソッドを必修にしているのは、33大学の中ではカリフォルニア大学バークレー校、ハーバード大学、プリンストン大学、ペンシ

ルベニア大学、テキサス大学オースティン校、オハイオ州立大学、ブランダイス大学、ニュースクール大学だけである。その他の選択科目も含めて、コースワークは2年目までに修了することが求められている。そして、3年目からは独立研究(499s Independent Study)やワークショップを取るようになっている。
―必修科目
- ●理論(2コマ)アスタリスクのついた授業から一つ選択
    - ＊406-1 古典理論(Classical Theory)
    - ＊406-2 近代理論(Modern Theory)あるいは
    - ＊406-3 現代理論(Contemporary Theory)
- ●統計(2コマ)
    - 401-1 統計学Ⅰ(Statistics I)
    - 401-2 統計学Ⅱ(Statistics II)
- ●メソッド(2コマ)
    - 403 フィールド・メソッド(Field Methods)
    - 405 リサーチ・メソッド(Research Methods)

2. プロセミナー

　1年目の二つのクォーターで、学生はプロセミナー(480-1と480-2 専門分野入門)に出席することが義務づけられている。プロセミナーでは、社会学部の教員が現在行っている研究を紹介することで、学生は研究とはどのようなものかを実践的に学習する。プロセミナーは必修であるが、単位にはならない。

3. リサーチ・ペーパーと準備試験(Preliminary Examinations)

　1年目の第3クォーターまでに、学生はアドバイザー(指導教員)を決定する。学生とアドバイザーは1年目の春クォーターに研究領域に関して話し合い、2年目の修士論文に匹敵するリサーチ・ペーパーのテーマを決定する。

　2年目のリサーチ・ペーパーは、社会学における学術研究の基礎として位置づけられている。最終的には、要旨と30ページの研究リポートという体裁をとる。そして、一定レベルのリサーチ・ペーパーを書くことは、準備試験

(Preliminary Exams)を終えたことに匹敵する。

4. 専門領域ペーパーとPh. D. 論文

Ph.D.プログラムを修了すると、学生は社会学の二つのサブフィールドにおける知識を習得し、教えることができる能力を身につけることになる。学生は二つのサブフィールドにおける知識の修得を証明するために、二つの論文を書かなければならない。一つは専門領域ペーパー(Special field paper)で、学生は四つのサブフィールドのなかから選択した一つのサブフィールドにおいて、図書リスト、シラバス、ペーパー(約30ページ)を作成しなければならない。学部が定めるサブフィールドは次の通りである。1)社会組織、制度、社会運動、2)文化社会学、3)社会的不平等、4)比較歴史社会学。専門分野における文献や理論を含む全般的知識を取り扱う。専門領域ペーパーはPh.D.候補生になるための条件であり、3年目が終了するまでに提出しなければならない。

二つめのサブフィールドの専門知識の証明は、Ph.D.論文を書き終えることで条件を満たす。

【ワークショップ】

教員と学生によるワークショップは以下のようなものがある。

1. 文化と社会(Culture and Society)
2. エスノグラフィー(Ethnography)
3. 歴史比較(Historical & Comparative)
4. 都市研究(Urban Studies)
5. 社会不平等(Social Inequality)

【奨学金】

外部からの奨学金を受けていない1年目の学生は、大学院からの12カ月の奨学金を受けることができる。2-4年目の学生は、ティーチング・アシスタントやリサーチ・アシスタントの機会が与えられ、授業料と生活費が与えら

れる。学部は4年間の奨学金を保証するが、5年目以降の奨学金は学部に割り当てられたティーチング・アシスタントに余裕があれば、Ph.D.候補生にもその機会を与えるというように対応している。

【研究機関】

社会学部の教員と学生は以下のような大学付属の研究機関を通じて、共同研究、学際的研究、インターンシップなどを行っている。

   1. 政策研究所（Institute for Policy Research）
      http://www.northwestern.edu/ipr/
   2. アメリカ法曹協会（American Bar Association）
      http://www.abanet.org/

卒業までの典型的なタイムテーブル

1年目	401-1　統計学I	Statistics I
	401-2　統計学II	Statistics II
	402　出来事・歴史分析	Event-History Analysis
	403　フィールド・メソッド	Filed Methods
	405　リサーチ・メソッド	Research Methods
	406-1　古典理論	Classical Theory
	480-1&2　専門分野入門（プロセミナー）	Introduction to the Discipline
	570 教授法セミナー	Seminar on College Teaching
2年目	406-2　近代理論 or 406-3 現代理論 or 学部が認める理論の授業	Modern Theory or Contemporary Theory
	490s　リサーチ	二つのリサーチの授業
	選択科目	五つ
	499　独立研究	Independent Study
	2年目終了までに、リサーチ・ペーパーを書き終える。	MA（修士号）の授与。
3年目	499s　独立研究	二つまたは三つ
	3年目終了までに特別フィールド・ペーパーを書き終える。	
4年目以降	4年目の終わりまでにPh.D.候補生	

【9】プリンストン大学　社会学部

http://sociology.princeton.edu

【教員と学生】
　教員(教授：15人、准教授：2人、助教授：5人)：22人
　講師：1人
　Ph.D.プログラム応募者数(2005年度)：219人
　入学許可者数：19人
　入学者数：12人

【Ph.D.プログラム】
　プリンストンの社会学部は、近年大きく教員数とプログラム構成が変わり、より幅広い社会学のサブフィールドをカバーできるようになった。例えば、1992年に医療、宗教、文化、比較社会学のクラスター群に編成されたが、その後経済社会学、エスノグラフィーが加わり充実してきている。

　1．授　業
　コースワークでは、理論、メソッド、統計の基礎を学ぶことが必須となっている。メソッドと統計の授業は、プリンストン大学のプロフェッショナルスクールであるウッドロー・ウィルソン・スクール(Woodrow Wilson School)との連携で、社会学に必要な高度な統計学の訓練を受けることができるようになっている。更に、プリンストン大学では、定性メソッドを履修することが必修になっている。定性メソッドが必修になっているのは、33校の中では、カリフォルニア大学バークレー校、ハーバード大学、ノースウェスタン大学、プリンストン大学、テキサス大学オースティン校、オハイオ州立大学、ブランダイス大学、ニュースクール大学だけである。
―必修科目
　　●理論(2コマ)
　　　SOC 501 古典社会学理論(Classical Sociological Theory)
　　　SOC 502 現代社会学理論(Contemporary Sociological Theory)

●統　計
　　SOC 504 社会統計（Social Statistics）
●メソッド
　　SOC 503 社会科学の技術と方法（Techniques and Methods of Social Science）
　　SOC 550 経験的研究に関するリサーチ・セミナー（Research Seminar in Empirical Investigation）

2. 語　学
学生は英語以外の言語を習得したことを証明するために、語学能力試験に合格しなければならない。英語以外の語学能力を求めているのは、33校のなかではシカゴ大学、プリンストン大学、ジョンズホプキンス大学、ニュースクール大学である。

3. リサーチ・ペーパー
学生は2年目にSOC 550 Empirical Seminarを履修し、社会学の問題関心に基づいた経験的リサーチ・ペーパーを2本書くことが義務付けられている。一つの論文は定量的研究に関する論文で、もう一つの論文は計量的あるいは定性的研究に関する論文で、六つのサブフィールド（比較地域社会学、文化社会学、人口学、経済社会学、不平等、移民と開発）のなかの一つのテーマに関して書かなければならない。論文の質の基準としては、学術雑誌に掲載可能なレベルが求められている。

3. 総合試験（General Examination）
学生は通常3年目の秋学期（第5セメスター）に総合試験を受ける。総合試験は学生が選択した三つのサブフィールドの筆記試験と口答試問からなる。筆記試験の場合、学生は6時間の持ち込み不可の試験あるいは32時間の持ち込み可の試験を選択することができる。

4. Ph. D. 論文
Ph.D.論文を書くにあたり、学生は3年目の秋学期が修了するまでにプロ

ポーザルを提出しなければならない。プロポーザルには、研究対象となる問題、社会学への理論的貢献、関連文献のサーベイ、データ収集の源泉と方法論について十分な説明がなされていなければならない。

【奨学金】
　Ph.D.プログラムに入学する学生には、基本的な奨学金パッケージが準備されている。奨学金パッケージの詳細は、入学の際のアドミッション・レターで、各人に通知されるが、一般的なケースでは授業料の全額かその一部が免除され、生活費が支給される。また、学生は在学中に、有給のティーチング・アシスタントやリサーチ・アシスタントの機会も与えられる。

　この他にも、学生の研究をサポートする体制が整っている。海外での調査を必要とする場合、学生は海外での調査費用を、大学付属の地域研究カウンシルの奨学金に応募して得ることができる。学会などで論文を発表するために必要な経費の援助は、大学院と学部から受けることができる。論文を執筆する学生に対しては、Dissertation Fellowshipsが用意されている。大学付属の諸センターも、様々な種類の奨学金を持っており、語学習得の費用、生活費、研究費などの援助を受けることができる。

【ワークショップとセミナー】
　授業と平行して、通年でいくつものワークショップとセミナーが開催されており、学生はワークショップやセミナーに参加することで論文を発表したり執筆したりすることを学ぶ。ワークショップとセミナーはテーマ別に開催されており、人口問題、経済社会学、移民と開発、比較研究、社会階層、不平等というテーマがある。

【研究機関】
　大学には多数の研究機関が存在し、教員と学生はみずからの研究関心に合った共同研究に参加することができる。また研究機関に所属する研究者が社会学部の授業も担当する。社会学部の教員と学生は以下のような大学付属の研究機関を通じて、共同研究、学際的研究、インターンシップなどを行っている。

1. ウッドロー・ウィルソン・スクール(Woodrow Wilson School)
    http://www.wws.princeton.edu/
2. 人口研究オフィス(Office of Population Research)
    http://opr.princeton.edu/
3. 宗教研究センター(Center for the Study of Religion)
    http://www.princeton.edu/~csrelig/
4. 児童福祉センター(Center for Child Wellbeing)
    http://crcw.princeton.edu/
5. 芸術文化政策センター(Center for Arts and Cultural Policy:)
    http://www.princeton.edu/~artspol/index.html
6. 移民と開発センター(Center for Migration and Development:)
    http://cmd.princeton.edu/index.shtml
7. 国際ネットワーク・アーカイブ(International Network Archive)
    http://www.princeton.edu/~ina/

【11】インディアナ大学ブルーミントン校　社会学部

【教員と学生】
　教員(教授、准教授、助教授)：29人

【Ph.D.プログラム】
　1. 授　業
　Ph.D.プログラム修了のためには、20コマの授業を履修しなければならない。典型的な例では、学生は1年目に8コマ、2年目に6コマ、3年目に6コマの授業を履修する。
―必修科目
　●理論(3コマ)
　S510, S530, S540 社会学理論(Sociological Theory)

●統計(2コマ)
  S554 統計テクニックⅠ(Statistical Techniques in Sociology I)
  S650 統計テクニックⅡ(Statistical Techniques in Sociology II)
●メソッド(2コマ)
  S558 上級リサーチ・テクニック(Advanced Research Techniques)
  上級のメソッド授業を一つ選択(S651定量社会学, S652定性メソッド, S655, S656, S658, or S659)

2. プロセミナー

1年目の学生はプロセミナー(S500)に参加することが義務付けられている。プロセミナーは学生に教員の研究や関心を紹介するだけでなく、大学院での研究生活に関するオリエンテーション的役割も持っている。

3. 社会学リサーチ・プラクティカム(Sociological Research Practicum)

このコースでは、1年目の学生は教員のイニシアティブによるリサーチ・プロジェクトに参加する。この試みはミシガン大学のデトロイト地域研究に習って1965年にインディアナポリス地域プロジェクトとして始まった。このプロジェクトを通じて、学生は問題の設定、適切なメソッドの選択、経験的データの集積、理論的議論の検証等、社会学における研究に必要な一連の作業を学ぶことになる。

更に、学生はこのプロジェクトで得たデータをもとに、MAペーパーを書くことになる。MAペーパーは、独自の社会調査を行うための準備プロセスと位置づけられる。MAペーパーの長さは30－40ページで、出版可能な学術論文の体裁をとる。MAペーパーは2年目の夏が終わるまでに提出しなければならない。

4. 候補試験(Qualifying Examinations)

Ph.D.候補生になるためには、二つの適正試験に合格しなければならない。一つはメソッドに関する試験で、もう一つはサブフィールドに関する試験である。メソッドの試験は、必須科目(S554, S558, S650, そして自らが選んだもう一つの上級メソッド科目)において評定平均(GPA)[9]3.3以上であれば試験を受けずに

条件を満たしたことになる。サブフィールドの試験は、自分の専門分野に関する筆記試験である。学生はこの二つの条件を4年目が始まる前までに満たさなければならない。

【奨学金】

殆どすべての学生に対して5年間の奨学金が用意されている。1－2年目の学生は週20時間の大学院生アシスタントとして教員の学部生向け授業のサポートをする。3－5年目の学生はインストラクターとして1学期に一つの学部生向けの授業を教える。

【研究機関】

社会学部の教員と学生は以下のような研究機関を通じて、共同研究、学際的研究、インターンシップなどを行っている。また、教員と学生に対して、オフィス・スペースや研究費を提供している。

1. 社会調査研究所(Karl F. Schuessler Institute for Social Research)
    http://www.indiana.edu/~isr/index.shtml
2. サーベイ・リサーチ・センター(The Center for Survey Research)
    http://www.indiana.edu/~csr/
3. 精神健康サービス研究コンソーシウム
   (The Indiana Consortium for Mental Health Services Research)
    http://www.indiana.edu/~icmhsr/
4. 教育・社会センター(Center for Education and Society)
    http://www.indiana.edu/~ces/

【11】アリゾナ大学　社会学部

http://fp.arizona.edu/soc/default.htm

【教員と学生】

教員(教授、准教授、助教授)：20人

名誉教授：2人
兼任教授：7人
講師：3人

【Ph.D.プログラム】

1. 授　業

Ph.D.を取得するためには合計で70ユニットの単位が必要であるが、そのうち31ユニットはMAを取得するためのものである。社会学部が定める必修科目は以下の通りである。Ph.D.を取得するためには、以下の必修科目に加えて、上級のメソッドあるいは統計の授業を履修しなければならない。

―必修科目
　1. 理論（2コマ）
　　　SOC 500a 社会学理論（Sociological Theory）
　　　SOC 500b 社会学理論（Sociological Theory）
　2. 統　計
　　　SOC 570a 社会統計（Social Statistics）
　　　SOC 570b 社会統計（Social Statistics）
　3. メソッド
　　　SOC 569 定量メソッド基礎（Basic Quantitative Methods）

2. MAペーパー

学生は授業をもとにMAペーパーを書かなければならない。MAペーパーは、MA論文に代えるものであるが、短いながらも質の高いものが求められている。MAペーパーは審査委員会によって評価され、学生はペーパーをディフェンスしなければならない。

3. 総合試験（Comprehensive Exam）

学生は二つのサブフィールドにおける専門知識の修得度を試す総合試験に合格しなければならない。二つの筆記試験の後に、口頭試験を受験しなければならない。社会学部が定める14のサブフィールドは以下の通りである。1)

文化社会学、2)経済社会学、3)法と社会、4)組織、5)政治社会学、6)人種と民族、7)ジェンダー、8)グローバリゼーション・国際開発・世界システム、9)宗教、10)社会運動とコレクティブ・アクション、11)統計学とメソッド、12)階層化、13)社会ネットワーク、14)社会心理学。この他にも、学生は任意でサブフィールドを作成することができる。

4. Ph.D.論文

学生はPh.D.論文を提出し、ディフェンスをしなければならない。

【奨学金】

奨学金はティーチング・アシスタントあるいはリサーチ・アシスタントをすることで受け取ることができる。週20時間のアシスタントの報酬は、MAを持っていない学生で$14,559そしてMAを持っている学生で$15,523となっている。

【11】 ペンシルベニア大学　社会学部

http://www.ssc.upenn.edu/soc/index.html

【教員と学生】

教員(教授、准教授、助教授)：29人

名誉教授：6人

アフィリエイテッド(兼任、客員、ポストドクター)：27人

Ph.D.プログラム応募者数：150人

入学許可者数：15人

入学者数：7人

【Ph.D.プログラム】

1. 授　業

Ph.D.プログラム修了のためには、20コマの授業を履修しなければならない。典型的な例では、学生は1年目に8コマ、2年目に6コマ、3年目に6コマ

の授業を履修する。ペンシルベニア大学では、定性メソッドを履修することが必修になっている。定性メソッドを必修にしている大学は、33校のなかでは、カリフォルニア大学バークレー校、ハーバード大学、ノースウェスタン大学、プリンストン大学、テキサス大学オースティン校、オハイオ州立大学、ブランダイス大学、ニュースクール大学だけである。

一必修科目
　1. 理論（2コマ）
　　 Sociology 602. 古典社会学理論（Classical Theory）
　　 ＊カリキュラムから現代社会学理論の授業を一つ選択
　2. メソッド（2コマ）
　　 Sociology 604 リサーチ・メソッド（Research Methods）
　　 ＊定性メソッドの授業を一つ選択
　3. 統　計
　　 Sociology 536 定量メソッド（Quantitative Methods）

　2. リサーチ・プロジェクト
　学生はMAセミナー（Sociology 603）を履修することが必須となっている。MAセミナーでは、学生は3人の教員の指導のもと個別のリサーチ・プロジェクトに取り組む。リサーチプロジェクトは25－40ページの長さで、学術論文として出版できる質が求められている。リサーチ・プロジェクトは2年目が終了するまでに提出しなければならない。

　3. 総合試験（Comprehensive Exam）
　学生は二つのサブフィールドに関する知識を問う総合試験に合格しなければならない。試験は3人の教員によって審査される。通常、学生は3年目に総合試験を受ける。

　4. Ph. D. 論文
　学生はPh.D.論文を提出し、ディフェンスをしなければならない。

【奨学金】

すべての入学者に対して、授業料、生活費、健康保険をカバーするウィリアム・ペン奨学金が保証されている。1年目と4年目は、学生はティーチングの義務を免除され研究に専念することができる。2年目と3年目に学生はティーチング・アシスタントやリサーチ・アシスタントとして働くことが求められている。

【研究機関】

社会学部の教員と学生は以下のような研究機関を通じて、共同研究、学際的研究、インターンシップなどを行っている。また、教員と学生に対して、オフィス・スペースや研究費を提供している。

1. 健康と政策研究センター（Center for Health Outcomes and Policy Research）
   http://www.nursing.upenn.edu/chopr/
2. 犯罪学センター（Jerry Lee Center of Criminology）
   http://www.sas.upenn.edu/jerrylee/
3. 人口高齢化研究センター（Population Aging Research Center）
   http://www.pop.upenn.edu/rc/parc/aging.html
4. 人口研究センター（Population Studies Center）
   http://www.pop.upenn.edu/

【14】 コロンビア大学　社会学部

http://www.sociology.columbia.edu/

【教員と学生】

教員(教授：12人、准教授：5人、助教授：5人)：22人

アフィリエィティッド：14人

平均入学者数(Ph.D.)：7人

【Ph. D.プログラム】
　1．授　業
　学生は60ポイントの授業を履修し、そのうちEが39ポイント、R（Pass or Fail）が21ポイントなければならない。

―Master of Arts必修科目
- ●理論　　　　SOCI G4050 社会学理論の起源（3ポイント）
- ●メソッド　　SOCI G4097 社会研究のデザイン（3ポイント）
- ●統計学I　　 SOCI G4074 & G4075 社会学データ分析入門（3ポイント）
- ●統計学II　　SOCI G4076 & G4077 社会学データ分析のためのコンピューター・ワークショップ（1.5ポイント）

―Master of Philosophy必修科目
- ●上級理論　　以下から一つを選択（3ポイント）
    SOCI G4122「文化を学ぶ理論と実践」
    SOCI G4165「現代社会学理論」
    SOCI G4520「社会理論と都市」
- ●上級メソッド　以下から一つを選択（3ポイント）
    SOCI G4098「質的リサーチメソッド」
    SOCI G4324「サーベイ・メソッド」、
    SOCI G6091「歴史メソッドとドキュメンタリー分析」
    SOCI G6099「フィールド・リサーチ・メソッド」
    SOCI G6225「カテゴリー・データのモデル」
    SOCI G9120「社会ネットワーク」
    SOCI G9513「時間分析のメソッド」

　2．プロフェッショナル・セミナー
　セミナーの目的は教員と学生の間の接点を広げることにあり、教員が週ごとに入れ替わりで好きなテーマを設定して学生に話をするという形式を取る。ここで教員の研究生活、関心、方法など、研究者になるための基礎を学ぶ。入学1年目の学生はセミナーへの参加が義務付けられている。

3. プロフェッショナル・ペーパー

　学生は雑誌や学会に発表できるレベルのペーパーを2本書くことが義務付けられている。このペーパーは担当教員により修士論文としてカウントされる。さらに、Master of Artsを取得した学生はSOCI G6995「リサーチ・プラクティカム」において、学会発表レベルのペーパーを書くことが要求されている。このペーパーはMaster of Philosophy取得のための論文として評価され、その評価によってPh. D. Programを継続できるか否かが決定される。

4. 総合試験(General Examination)

　入学2年目の第4セメスターに総合試験が行われる。この試験に合格することがMaster of Philosophy候補生になる条件となる。試験は2度まで受験することができる。総合試験は社会学のサブフィールドを網羅するもので、審査委員会の委員が共同で問題を作成する。ちなみに2005年の図書リストには、組織・市場・ネットワーク、文化社会学、歴史比較社会学、メソッド、都市社会学、階層、近代理論、古典理論の八つの分野における必読書が掲載されている。なお、図書リストと過去の問題はインターネット上で公開されている。

5. Ph. D. 論文

　学生はPh.D.論文を提出し、ディフェンスをしなければならない。

【奨学金】
　1. Lazarsfeld Fellowships：入学後5年間の授業料と生活費を支給。
　2. Cornerhouse Fund：学会での発表に対して、交通費を支給するもので、東海岸での学会には125ドル、西海岸の学会には300ドル、その他の国内の学会には200ドル、そして海外の学会には400ドルが支給される。
　3. Matching funds：M.Philを取得した学生に対して旅費を支給する。
　4. The Inkeles Award：最もすぐれた研究成果を出した大学院生1名に1,000ドルの賞金が与えられる。

【ワークショップ】

　教員と学生による学部の枠を越えたワークショップが多数存在する。ワークショップは、様々な専門分野や異なる経験を持った参加者が議論する場を提供している。大学院生は研究途上にあるドラフトやPh.D.論文のプロポーザルなどを発表し、その場でコメントを受けることができる。社会科学の分野におけるワークショップには以下のようなものがある。

1. 20世紀アメリカ政治と社会（20th Century American Politics and Society）
　　http://www.iserp.columbia.edu/workshops/20th_century.html
2. アメリカ社会と政治（American Society and Politics）
　　http://www.iserp.columbia.edu/workshops/american_society.html
3. 対決の政治（Contentious Politics）
　　http://www.iserp.columbia.edu/workshops/contentious_politics.html
4. ジェンダーとリベラリズムの国際的位置（Gender and the Global Locations of Liberalism）
　　http://www.iserp.columbia.edu/workshops/gender.html
5. 政治経済（Political Economy）
　　http://www.columbia.edu/~kab2106/polecon.html
6. 政治心理学（Political Psychology）
　　http://www.iserp.columbia.edu/workshops/political_psychology.html
7. 政治・社会・環境・開発（Politics, Society, Environment, and Development）
　　http://www.iserp.columbia.edu/workshops/psed.html

【研究機関】

　コロンビア大学の社会科学に関する総合研究機関として、社会経済リサーチ・ポリシー研究所（Institute for Social and Economic Research and Policy）がある。この研究所（http://www.iserp.columbia.edu/）は社会学、政治学、経済学、心理学、統計学、歴史学などの学際的研究を目的として1999年に設立された研究機関で、社会学部の学生はここでの共同研究に参加することができる。社会経済リサーチ・ポリシー研究所には、次のようなセンターが設けられている。

1. 環境政策リサーチセンター（Center for Research on Environmental Decisions）
　　http://www.cred.columbia.edu/
2. 意思決定センター（Center for the Decision Sciences）
　　http://decisionsciences.columbia.edu/
3. 民主主義・寛容・宗教センター（Center for the Study of Democracy, Toleration, and Religion）
　　http://www.sipa.columbia.edu/cdtr/
4. 富と不平等研究センター（Center for the Study of Wealth and Inequality）
　　http://www.iserp.columbia.edu/centers/cwi.html
5. 都市研究と政策センター（Center for Urban Research and Policy）
　　http://www.curp.columbia.edu/
6. 組織改革センター（Center on Organizational Innovation）
　　http://www.coi.columbia.edu/
7. 政治経済と比較制度分析センター
（Center on Political Economy and Comparative Institutional Analysis）
　　http://www.iserp.columbia.edu/centers/copecia.html

Ph. D. プログラム入学後の一般的な流れ

学　年	セメスター	履修科目・修了事項
1年目	1st	SOCI G4050「社会学理論の起源」
		SOCI G4097「社会研究のデザイン」
		プロフェッショナル・セミナー(単位なし)
		アメリカ言語プログラムI(留学生必須)
	2nd	プロフェッショナル・セミナー(単位なし)
		アメリカ言語プログラムII(留学生必須)
2年目	3rd	SOCI G4075「社会学データ分析入門」
		SOCI G4077「社会学データ分析のためのコンピューターワークショップ」
	4th	すべての単位修得
		総合試験合格
		Master of Arts授与
3年目	5th	SOCI G6995「リサーチ・プラクティカム」
	6th	すべてのコースワークを修了
		Master of Philosophy 授与
		論文の審査委員会の主査を決定
4年目		プロポーザルの提出と承認
7年目		Ph.D.論文の提出とディフェンス

【14】コーネル大学　社会学部

http://www.soc.cornell.edu/

【教員と学生】
教員(教授、准教授、助教授)：21人

【Ph.D.プログラム】

1. 授　業

Ph.D.プログラム修了のためには、20コマの授業を履修しなければならない。典型的な例では、学生は1年目に8コマ、2年目に6コマ、3年目に6コマの授業を履修する。

―必修科目
　●理論(2コマ)
　　Soc.501 社会学の基礎問題I (Basic Problems in Sociology I)
　　Soc.502 社会学の基礎問題II (Basic Problems in Sociology II)
　●メソッドと統計
　　Soc.505 リサーチ・メソッドI (Research Methods I)
　　Soc.506 リサーチ・メソッドII (Research Methods II)
　　Soc.507 リサーチ・メソッドIII (Research Methods III)

2. プロセミナー

1年目の学生はプロセミナー(Soc. 608)に参加することが義務付けられている。プロセミナーは学生に教員の研究や関心を紹介するだけでなく、大学院での研究生活に関するオリエンテーション的役割も持っている。

3. 総合試験

学生は2年目が終わるまでに、一つの主専攻と二つの副専攻に関する試験に合格しなければならない。

4. MAペーパー

MAペーパーの目的は、学生に理論的分析と経験的調査に取り組む経験を与えることにある。MAペーパーは比較的短いものであるが、高い質が求められている。MAペーパーは2年目の夏が終わるまでに提出しなければならない。

5. A試験(A Exam)

Ph.D.候補生になるためには必要な単位を取得して、A試験と呼ばれる試験に合格しなければならない。A試験は2部構成となっている。第1部では、学生は一つの主専攻と二つの副専攻に関する口答試験を受ける。この試験は2年目が修了するまでに合格しなければならない。第2部では、学生はPh.D.論文のプロポーザルをディフェンスしなければならない。この試験は3年目が終了するまでに合格しなければならない。主専攻と副専攻のテーマは以下の通りである。

―主専攻(副専攻としても選択できる)
- コレクティブ・アクションと社会運動
- 経済と社会
- ジェンダーとライフ・コース
- 組織
- 政治社会学
- 科学、技術、ドラッグ
- 社会ネットワーク
- 社会心理学
- 階層と移動
- 仕事と職業

―副専攻(主専攻として選択できない)
- メソッド
- 政策研究
- 文化
- 社会シミュレーション

●家族
●人種と民族

【奨学金】
　社会学部は数名の優秀な学生を大学院奨学金の候補者として推薦する。大学院奨学金は、授業料と生活費をカバーする。その他にもいくつかの奨学金があるが、留学生は応募資格に制限があるので、自国からの奨学金に応募することが奨励されている。

【研究機関】
　社会学部の教員と学生は以下のような研究機関を通じて、共同研究、学際的研究、インターンシップなどを行っている。また、教員と学生に対して、オフィス・スペースや研究費を提供している。

1. 経済・社会研究センター（Center for the Study of Economy and Society）
　　http://www.economyandsociety.org/
2. 不平等研究センター（Center for the Study of Inequality）
　　http://inequality.cornell.edu/
3. 社会ネットワークとカスケード（IGERT Program Social Networks and Cascades）
　　http://www.chaos.cornell.edu/

【16】デューク大学　社会学部

http://www.soc.duke.edu/

【教員と学生】
　教員（教授：16人、准教授：1人、助教授：5人）：22人
　客員教授：6人
　名誉教授：2人
　アフィリエィティッド：5人

平均入学者数(Ph.D.)：8-9人

【Ph.D.プログラム】

1. 授　業

Ph.D.プログラムを修了するには、最低17の授業(そのうち12単位は社会学部の授業)を履修しなければならない。必修科目は五つで、理論、統計学(2科目)、メソッド(2科目)の授業を履修することが必修になっている。

―必修科目
- ●理論(1コマ)

    SOCIOL 206 社会学理論(Sociological Theory)
- ●統計(2コマ)

    SOCIOL 212 社会統計学I(Social Statistics I)

    SOCIOL 213 社会統計学II(Social Statistics II)
- ●メソッド(2コマ)

    以下の中から二つ選択

    ＊SOCIOL 208 調査研究メソッド(Survey Research Methods)

    ＊SOCIOL 214 比較歴史メソッド(Comparative Historical Methods)

    ＊SOCIOL 215 人口統計学メソッド基礎(Basic Demographic Methods)

2. プロフェッショナル・セミナー

すべての学生は3年間のプロフェッショナル・セミナーに参加する。

3. 準備試験(Preliminary Examination)

準備試験は社会学の理論、メソッド、知識を問う試験で、学生は二つのサブ・フィールドの準備試験に合格しなければならない。六つの代表的なサブ・フィールドは、1. 比較歴史社会学、2. 人口研究、3. 医療社会学、4. 経済社会学、5. 階層、6. 社会心理学である。試験は包括的なリーディング・リストをもとに、学部長が任命する準備試験委員会によって作成される。試験は24時間のうちに電子メールで提出しなければならない。通常、試験は3年

目の1学期(第5セメスター)のはじめに行われる。

4. プロポーザル

すべての学生は3年目にSociology 303：Developing Dissertation Proposalという授業を履修し、Ph.D.論文のプロポーザルの書き方を勉強する。プロポーザルは、タイトルを含めてダブル・スペースで20枚以内にまとめ、論文審査委員会による評価を受ける。5人の教員からなる審査委員会の構成は、学生によって3年目のはじめに決定される。

5. Ph. D. 論文

Ph.D.論文の執筆はプロポーザルが論文審査委員会によって承認されてから4年以内に終了しなければならない。学生は社会学部のコロキアムにおいて、研究結果を報告する。コロキアムは次に説明する最終試験とは異なり、学部内で研究の成果を共有するということが目的である。

6. 最終試験

Ph.D.論文の最終試験は、論文審査委員会による口頭試問である。この試験に合格することで、Ph.D.コースで十分な成績を残したと承認されることになり、学位が授与される。

【奨学金】

Ph.D.プログラムに入学するすべての学生に対して、5年間に渡って授業料と生活費が奨学金として与えられる。また、優秀な学生には、ティーチング・アシスタントやリサーチ・アシスタントの機会が与えられる。論文作成に必要な調査や学会発表に対する支援は、大学院と学部から受けることができる。

【研究機関】

社会学部の教員と学生は以下のような大学付属の研究機関を通じて、共同研究、学際的研究、インターンシップなどを行っている。これらの研究機関

には、奨学金や夏期休暇中の研究費を提供するものもある。

1. 高齢と人間開発研究センター（Center for the Study of Aging and Human Development）
　　　http://www.geri.duke.edu/
2. アジア太平洋研究所（Asian/Pacific Studies Institute）
　　　http://www.duke.edu/APSI/
3. 人口統計研究センター（Center for Demographic Studies）
　　　http://cds.duke.edu/
4. ラテンアメリカ研究カウンシル
（The Council on Latin American Studies and the Duke-University of North Carolina Program in Latin American Studies）
　　　http://www.duke.edu/web/las/
5. 統計学・決定科学研究所（Institute for Statistics and Decision Sciences）
　　　http://www.isds.duke.edu/
6. 国際学センター（Center for International Studies）
　　　http://www.jhfc.duke.edu/ducis/
7. 女性研究（Women's Studies）
　　　http://www.duke.edu/womstud/index2.html

【16】テキサス大学オースティン校　社会学部

http://www.utexas.edu/cola/depts/sociology/

【教員と学生】
教員（教授、准教授、助教授）：43人

【Ph.D.プログラム】
1. 授　業

Ph.D.プログラムを修了するのに必要な単位は57ユニットである。そのうち30ユニットを修得して、MA論文を提出するとMAの学位が授与される。

社会学部が定める必修科目は以下の通りである。テキサス大学オースティン校では、定性メソッドが必修科目に指定されているが、その他33校の中ではカリフォルニア大学バークレー校、ハーバード大学、プリンストン大学、ペンシルベニア大学、オハイオ州立大学、ブランダイス大学、ニュースクール大学だけである。

一必修科目
- ●理論(2コマ)
    - SOC 394K 2 社会学理論：最近の議論(Current Debates)
    - SOC 394K 3 社会学理論：社会学の背景(Background of Sociology)
- ●統計(2コマ)
    - SOC 384L 社会統計：基礎概念(Social Statistics: Basic Concepts)
    - SOC 385L 社会統計：リニアモデル(Social Statistics: Linear Models)
- ●メソッド(3コマ)
    - SOC 387J リサーチ・メソッドの基礎(Fundamentals of Research Methods)定性メソッドを含む

    以下のうちから一つ選択
    - ＊SOC 384M データ分析セミナー(Seminar in Data Analysis)
    - ＊SOC 385K 社会統計：離散多変量モデル(Social Statistics: Discrete Multivariate Models)
    - ＊SOC 386L 社会統計：ダイナミックモデルと縦断的データ分析(Social Statistics: Dynamic Models and Longitudinal Data Analysis)
    - ＊SOC 387L サーベイ・リサーチ・メソッド(Survey Research Methods)
    - ＊SOC 388K フィールドと観察モデル(Field and Observational Methods)
    - ＊SOC 388L 歴史・比較メソッド(Historical and Comparative Methods)
    - ＊SOC 388M 定量・定性メソッドの融合(Integrating Qualitative and Quantitative Methods)
    - ＊SOC 391L 人口統計学メソッドの基礎(Basic Demographic Methods)
    - ＊SOC 391M 人口統計学分析の応用(Advanced Methods of Demographic Analysis)

2. MA論文

MAを取得するためには、MA論文を提出しなければならない。

3. 総合試験(Comprehensive Exam)

学生はサブフィールドにおける知識の習得を証明するために、総合試験に合格しなければならない。社会学部が定めるサブフィールドは次のようである。1)犯罪学、2)人口統計学、3)開発、4)教育、5)家族、6)ジェンダー、7)健康、8)政治社会学、9)人種・民族関係、10)宗教、11)社会組織、12)理論。

【研究機関】

1. アフリカ・アフリカ系アメリカ研究センター
   (Center for African and African American Studies)
   http://www.utexas.edu/cola/centers/caaas/
2. アジア系アメリカ研究センター(Center for Asian American Studies)
   http://www.utexas.edu/cola/centers/aas/index.html
3. 犯罪学・刑事司法研究センター(Center for Criminology and Criminal Justice Research)
   http://www.la.utexas.edu/research/cccjr/index.htm
4. オーストラリア研究センター(Edward A. Clark Center for Australian Studies)
   http://www.utexas.edu/depts/cas/index.html
5. ラテンアメリカ研究所(Institute of Latin American Studies)
   http://lanic.utexas.edu/las.html
6. LBJ公共政策スクール(LBJ School of Public Affairs)
   http://www.utexas.edu/lbj/index.php
7. メキシコ系アメリカ研究センター(Center for Mexican American Studies)
   http://www.utexas.edu/ftp/depts/cmas/
8. 人口問題研究センター(Population Research Center)
   http://www.utexas.edu/cola/centers/prc/
9. 南アジア研究所(South Asia Institute)
   http://www.utexas.edu/cola/insts/southasia/
10. 女性研究センター(Center for Women's Studies)
    http://www.utexas.edu/cola/centers/cwgs/

【16】 ワシントン大学　社会学部

http://www.soc.washington.edu/

【教員と学生】

教員(教授、准教授、助教授)：27人

名誉教授：17人

平均入学者数(Ph.D.)：15人[10]

【Ph.D.プログラム】

1. 授　業

Ph.D.を取得するためには、18コマ(54単位)の授業を履修しなければならない[11]。そのうち、理論、統計、メソッド、プロセミナーといった必修科目は9コマ(27単位)で、選択科目は9コマ(27単位)である。社会学部が定める必修科目は以下の通りである。

―必修科目

● 理論(2コマ：＊のついた授業から一つ選択)

　Soc 510 社会学理論(Sociological Theory)

＊Soc 511 社会学理論(Sociological Theory)

＊Soc 581 理論における様々なトピックスと社会学思想の歴史(Special Topics in Theory and the History of Sociological Thought)

● 統計(3コマ)

　Soc 504 応用社会統計(Applied Social Statistics)

　Soc 505 応用社会統計(Social Statistics)

　Soc 506 社会学の定量テクニック(Quantitative Techniques in Sociology)

● メソッド(3コマ)

　Soc 508 社会探究の論理(Logic of Social Inquiry)

＊この他に教員と相談のうえ上級メソッドの授業二つを選択

2. プロセミナー

1年目の学生は3クォーターに及ぶプロセミナー(Soc 501)に参加すること

が義務付けられている。プロセミナーでは、教員が自らの研究成果や関心を学生に紹介する。1クォーターのプロセミナーは1単位として計算されるが成績はつかない。

3. MA論文

学生は2人の教員からなるMA委員会の指導の下にMA論文を執筆しなければならない。MA論文の目的は、重要な研究テーマを見極め、発展させ、そして的確にアプローチする能力を高めることにある。MA論文の形式と質は学術雑誌に掲載可能なものが求められている。学生はMA委員会のメンバーを1年目の春クォーターまでに決定しなければならない。MA委員会の主査教員はPh.D.委員会が結成されるまで、学生の指導教員となる。

4. 専門試験(Subject Area Exam)

学生は二つのサブフィールドにおける知識の習得を証明するために、専門試験に合格しなければならない。二つのサブフィールドのうち、一つは主専攻でもう一つは副専攻となる。主専攻の専門試験は2日間にわたって行われ、学生はダブルスペースで30枚のペーパーを書くことが求められている。副専攻の専門試験は1日で終了し、学生はダブルスペースで15枚のペーパーを書くことが求められている。社会学部が定めるサブフィールドは次の通りである。1)人口統計とエコロジー、2)逸脱と社会統制、3)家族と血縁関係、4)ジェンダー、5)制度分析、6)社会心理学、7)階層、人種・民族、8)理論。一つのサブフィールド試験は3年目の終わりまでに、もう一つの専門試験は4年目の秋クォーターまでに合格しなければならない。

5. 総合試験(General Exam)

総合試験は主専攻の専門試験に関する口頭試問である。総合試験では、Ph.D.論文のプロポーザルに関する質問が行われる。総合試験は主専攻の専門試験終了後6カ月以内に受験し、4年目の終わりまでに合格しなければならない。

6. 最終試験(Final Exam)

最終試験はPh.D.論文に関する口頭試問(ディフェンス)である。この試験に合格すると、Ph.D.が授与される。

【研究機関】

社会学部の教員と学生は次のような大学付属の研究機関を通じて、共同研究、学際的研究、インターンシップなどを行っている。

1. 社会科学のための統計センター(Center for Statistics in the Social Sciences)
    http://www.csss.washington.edu/
2. 人口統計とエコロジーセンター(Center for Studies in Demography and Ecology)
    http://csde.washington.edu/
3. 社会科学計算・研究センター(Center for Social Science Computation and Research)
    http://julius.csscr.washington.edu/
4. 民族紛争・紛争解決研究センター(Center for the Study of Ethnic Conflict and Conflict Resolution)
    http://depts.washington.edu/ethpeace/
5. 比較法律・社会研究(Comparative Law and Social Studies)
    http://depts.washington.edu/ethpeace/
6. 家族研究センター(Center for Research on the Family)
    http://www.depts.washington.edu/crfam/

【19】ジョンズ・ホプキンス大学　社会学部

http://www.soc.jhu.edu/

【教員と学生】

教員(教授、准教授、助教授)：13人

【Ph.D.プログラム】

1. 授　業

Ph.D.を取得するためには、12コマの授業を2年間で履修しなければならな

い。そのうち、4コマは必修科目で、8コマは選択科目である。社会学部が定める必修科目は以下の通りである。

一必修科目
- ●理　論

    Soc 230/602 社会理論I（Social Theory I: Theories of Society）

    Soc 230/603 社会理論II（Social Theory II: Social Interaction）
- ●統　計

    Soc 230/301 社会統計入門（Introduction to Social Statistics）

    Soc 230/604 回帰分析（Regression Analysis）
- ●メソッド

    Soc 230/601 リサーチ・デザインとデータ収集（Research Design and Data Collection）

    　もう一つのメソッドの授業は以下のうちから一つ選択：

    ＊Soc 230/650 マクロ比較研究メソッド（Macro-Comparative Research Methods）

    ＊Soc 230/605 カテゴリーデータ分析（Categorical Data Analysis and Selected Topics）

    ＊Soc 230/631 確証的因子分析（Confirmatory Factor Analysis and Linear Structural-Equations Modeling）

    ＊Soc 230.649 社会科学の定性リサーチ・メソッド（Qualitative Research Methods in the Social Sciences）

2. プロセミナー

1年目の学生はプロセミナーに参加することが義務付けられている。プロセミナーは、教員が自らの研究の成果と関心を学生に紹介する場を提供する。

3. リサーチ・アシスタント

学生は教員が取り組んでいる研究プロジェクトにリサーチ・アシスタントとして参加しなければならない。

4. 外国語

学生は一つの外国語の読解能力を試す試験に合格しなければならない。学

生はその外国語の修得がPh.D.論文執筆に必要であることを証明しなければならない。例えば、1) 英語以外の言語で書かれた社会科学の文献を読む必要がある。2) フィールドワークや文書リサーチを行うために、英語以外の言語が必要となる。

英語以外の語学能力を求めているのは、33校の中ではシカゴ大学、プリンストン大学、ジョンズホプキンス大学、ニュースクール大学である。

【19】ペンシルバニア州立大学　社会学部

http://www.sociology.psu.edu/

【教員と学生】
教員(教授、准教授、助教授)：39人

【Ph.D.プログラム】

1. 授　業

Ph.D.の学位を取得するためには、12コマ(36単位)の授業を2年間で履修しなければならない。そのうち、4コマは必修科目で、8コマは選択科目である。社会学部が定める必修科目は以下の通りである。

―必修科目
- ●理論(1コマ)
- ●統計(2コマ)
  統計学I
  統計学II
- ●メソッド(2コマ)
  リサーチ・メソッド基礎
  犯罪・法・正義のリサーチ・メソッド

2. MA論文

MAの学位を取得するためには、学術論文の水準をクリアしたMA論文を

提出しなければならない。

3. 総合試験(Comprehensive Exam)
学生は社会学の一つのサブフィールドにおける知識の修得度を試す総合試験に合格しなければならない。

4. Ph.D. 論文
学生はPh.D.論文を提出し、口頭試問(ディフェンス)に合格しなければならない。

【研究機関】
社会学部の教員と学生は以下のような大学付属の研究機関を通じて、共同研究、学際的研究、インターンシップなどを行っている。

1. 人口研究所(Population Research Institute)
    http://www.pop.psu.edu/
2. 社会科学研究所(Social Science Research Institute)
    http://www.ssri.psu.edu/
3. 老年学センター(Gerontology Center)
    http://geron.psu.edu/
4. ペンシルバニア刑罰委員会(PA Sentencing Commission)
    http://pcs.la.psu.edu/
5. 社会思想プログラム(Social Thought Program)
    http://www.stp.psu.edu/
6. 人口健康・高齢化センター(Center on Population Health & Aging)
    http://www.pop.psu.edu/cpha/index.htm
7. 人種関係プロジェクト(Race Relations Project)
    http://www.racerelationsproject.psu.edu/index2.htm

【21】オハイオ州立大学　社会学部

http://www.sociology.ohio-state.edu/

【教員と学生】
　教員(教授、准教授、助教授)：34人
　平均入学者数(Ph.D.)：14人

【Ph.D.プログラム】
　1．授　業
　オハイオ州立大学社会学部は、修士号の取得を最終段階とするプログラムを持っている。Ph.D.プログラムに進学するには、同学部あるいは他大学でMAを取得していることが条件となる。同大学の社会学部でMAから始めた場合、Ph.D.を取得するためには、全体で18コマの授業を履修しなければならない[12]。そのうち、10コマは必修科目で、8コマは選択科目である。社会学部が定める必修科目は以下の通りである。
―必修科目
　　1．理論(2コマ)
　　　Soc 782 初期社会学理論(Earlier Developments in Sociological Theory)
　　　　　or
　　　Soc 784 後期社会学理論(Later Developments in Sociological Theory)
　　　　(次のなかから一つを選択)
　　　Soc 705 理論構築と理論の検証(Construction and Verification of Theory)
　　　Soc 709 歴史社会学(Historical Sociology)
　　　Soc 747 社会変動の理論(Theories of Social Change)
　　　Soc 792 構造社会学(Structural Sociology)
　　　Soc 770 社会の中の個人(Individual in Society)
　　　Soc 880 現代理論：社会的行為の理論(Contemporary Theory: Theories of Social Action)
　　2．統計(4コマ)
　　　Soc 648 定量リサーチ入門(Introduction to Quantitative Research)

Soc 649 重回帰の基本 (Principles of Multiple Regression)
　　　Soc 703 上級単一方程式テクニック (Advanced Single Equation Techniques)
　　　（次のうちから一つを選択）
　　＊Soc 707 多重方程式定量モデル (Multi-Equation Quantitative Models)
　　＊Soc 850 社会調査メソッド・セミナー (Seminar on Social Research Methods)
　　＊Soc 884 リサーチメソッド・セミナー (Seminar on Research Methodology)
　3. メソッド
　　　Soc 704 社会学の定性メソッド (Qualitative Methods in Sociology)
　　　Soc 651 社会学調査のアプローチ (Approaches to Sociological Inquiry)
　　　（次のうち一つを選択）
　　＊Soc 710 定量社会学分析のデザイン (Design of Quantitative Sociological Analysis)
　　＊Soc 708 定性分析の諸問題 (Problems in Qualitative Analysis)
　4. 人口統計学
　　　Soc 754 人口統計分析 (Demographic Analysis)

2. プロセミナー

　MAの学生そして他大学でMAを取得してきた学生は、1年目にプロセミナーに参加することが義務付けられている。プロセミナーでは、教員が自らの研究の成果と関心を学生に紹介する。

3. MA論文

　学生はMA論文(50ページ以内)を提出しなければならない。MA論文の執筆を必須にする目的は、出版可能なレベルの学術論文を仕上げて学会などで発表することで、厳しい就職戦線で成功を収めることにある。MA論文を提出したあと、論文に関する口答試験が行われる。口答試験の審査委員会は3人の教員から構成される。1時間の口答試験では、社会学全般の知識も問われる。

4. 候補試験 (Qualifying Exam)

　必要な単位を取得すると、Ph.D.候補生試験を受けることになる。試験は

社会学の二つのサブフィールドに関する知識を問うものである。社会学部が定める13のサブフィールドは、1)犯罪・逸脱・社会コントロール、2)共同体と都市、3)比較歴史、4)家族、5)ジェンダー・人種・階級、6)健康・医療、7)メソッド、8)政治、9)人口、10)社会運動、11)理論、12)仕事・経済・組織、13)個々の専門領域

5. Ph. D. 論文
学生はPh.D.論文を提出し、口頭試問(ディフェンス)に合格しなければならない。

【研究機関】
　社会学部の教員と学生は次の大学付属の研究機関を通じて、共同研究、学際的研究、インターンシップなどを行っている。

1. 刑事司法研究センター(Criminal Justice Research Center)
　　http://www.sociology.ohio-state.edu/cjrc/
2. 人口研究イニシアティブ(Initiative in Population Research)
　　http://ipr.osu.edu/
3. 人材資源研究センター(Center for Human Resource Research)
　　http://www.chrr.ohio-state.edu/
4. サーベイ・リサーチ・センター(Center for Survey Research)
　　http://www.csr.ohio-state.edu/
5. 都市・地域分析センター(Center for Urban and Regional Analysis)
　　http://cura.osu.edu/

【22】ニューヨーク大学　社会学部

http://sociology.fas.nyu.edu/page/home

【教員と学生】
　教員(助教授、准教授、教授)：36人

名誉教授：4人

【Ph.D. プログラム】
1. 授　業
●理論(2コマ：初級／上級それぞれ一つを選択)
　＊G93.2111 古典社会学理論1848-1950(Classical Sociological Theory, 1848-1950)
　＊G93.2115 現代社会学理論(Contemporary Sociological Theory)
　＊G93.3112 社会学的伝統に関する上級セミナー(Advanced Seminar in Selected Sociological Traditions)
　＊G93.3113 社会学理論の上級セミナー(Advanced Seminar in Selected Themes in Sociological Theory)
　＊G93.3115 現代社会学理論の上級セミナー(Advanced Seminar in Contemporary Sociological Theory)
●メソッドと統計(3コマ)
　　G93.2331 メソッドと統計学Ⅰ(Methods and Statistics I)
　　G93.2332 メソッドと統計学Ⅱ(Methods and Statistics II)
　　次のうちから一つを選択
　＊G93.2333 メソッドと統計学Ⅲ(Methods and Statistics III)
　＊G93.2303 定性メソッド(Qualitative Methods)
　＊G93.2308 比較歴史社会学のメソッド(Historical and Comparative Sociological Methods)
　＊G93.2312 上級多変量メソッド(Advanced Multivariate Methods)
　＊G93.2313 数理社会学のモデル(Mathematical Models in Sociology)

2. リサーチ・ペーパー
　リサーチ・ペーパーは2年目の終わりまでに提出し、2人の教員によって承認されなければならない。リサーチ・ペーパーの目的は、Ph.D.プログラムの早い段階においてリサーチの経験を得ることにある。

3. 総合試験(Comprehensive Examination)

学生は3年目が終了するまでに、二つのサブフィールドにおいて総合試験に合格しなければならない。総合試験はサブフィールドにおける社会学の理論とリサーチメソッドを実際の社会問題に適応できる能力を試すものである。

4. リサーチ・アシスタント

学生は教員の下で2セメスター分のリサーチ・アシスタントとして共同研究に参加することが奨励されている。このリサーチ・アシスタントの内容は、24単位まで修了に必要な単位としてカウントされる。

【ワークショップ】

教員と学生による学部の枠を越えたワークショップが多数存在する。ワークショップは、様々な専門分野そして異なる経験を持った参加者が議論する場を提供している。ニューヨーク大学社会学部では、次のようなワークショップが開催されている。

1. 犯罪／法／逸脱（Crime, Law and Deviance）
2. 権力／政治／抗議（Power, Politics, Protest）
3. 都市研究（Urban Studies）
4. パックセミナー（Puck Seminar）

【研究機関】

社会学部の教員と学生は次の大学付属の研究機関を通じて、共同研究、学際的研究、インターンシップなどを行っている。

1. 高等社会科学研究センター（The Center for Advanced Social Science Research）
　　　http://www.nyu.edu/fas/cassr/

【22】ミネソタ大学　社会学部

http://www.soc.umn.edu/

【教員と学生】

教員（教授、准教授、助教授）：35人

名誉教授：4人

Ph.D.プログラム応募者数（2005年度）：92人

入学許可者数：17人

入学者数：10-12[13]

【Ph.D. プログラム】

1. 授　業

―必修科目

●理論（1コマ）

　8701 社会学理論（Sociological Theory）

●メソッド（2コマ）

　8801 社会学のリサーチ・メソッド（Sociological Research Methods）

　　上級メソッドの授業を一つ選択

　＊上級定量メソッド

　＊上級定性メソッド

　＊教員と打ち合わせの上で行う特別セミナー（インディペンデント・スタディ）

●統計（1コマ）

　8811 上級社会統計（Advanced Social Statistics）

●8001 職業としての社会学

2. リサーチ・プラクティカム

2年目にリサーチ・プラクティカムと呼ばれる授業の履修が必修に指定されている。

3. MA論文

ミネソタ大学社会学部では、MAの学位を取得するためのMA論文はオプショナルとなっている。Aプランでは、MAを取得するには、必要単位の取得、MA論文の執筆、口頭試問(ディフェンス)を修了しなければならない。Bプランでは、必要単位を取得し、二つのショート・ペーパーを執筆し、一つ追加の授業の履修をしなければならない。

4. 準備試験(Preliminary Exam)
学生は社会学の二つのサブフィールドにおける知識の修得度を試す筆記試験に合格しなければならない。たいていの学生は3年目に準備試験を受験する。

【奨学金】

ミネソタ大学社会学部のPh.D.プログラムに入学するすべての学生に、何らかの形の奨学金が用意されている。1)大学院奨学金では、大学院に入学が認められた優秀な学生を確実に大学院に迎え入れるために、大学院全体で200名の学生に授業料免除、生活費(21,000ドル)、健康保険料の95%の支払いの免除が与えられる。同様な内容の奨学金として、2)大学院多様性奨励奨学金、3)グローバル・チェンジ学際研究センター、4)社会学部奨学金(1-3名)がある。その他、ティーチング・アシスタントやリサーチ・アシスタントを勤めることで、学生は授業料と生活費のサポートを受けることができる。

【研究機関】

社会学部の教員と学生は次の大学付属の研究機関を通じて、共同研究、学際的研究、インターンシップなどを行っている。

1. 公共問題研究所(Humphrey Institute of Public Affairs)
    http://www.hhh.umn.edu/centers/wpp/ifi/about.html
2. 児童発達研究所(Institute for Child Development)
    http://www.education.umn.edu/icd/
3. グローバル・スタディー研究所(Institute for Global Studies)

http://igs.cla.umn.edu/
4. ミネソタ人口センター（Minnesota Population Center）
http://www.pop.umn.edu/
5. ライフ・コース・センター（Life Course Center）
http://www.soc.umn.edu/research/lcc/
6. アメリカ・モザイク・プロジェクト（American Mosaic Project）
http://www.soc.umn.edu/research/amp/
7. フレキシブルな仕事と福祉センター（Flexible Work and Well-Being Center）
http://www.flexiblework.umn.edu/

Ph. D. プログラムの典型的なモデル

	学期	履修科目		
1年目	1	社会学理論	職業としての社会学	選択科目
	2	上級社会統計	社会学リサーチ・メソッド	職業としての社会学
2年目	3	上級メソッドトレーニング	高等教育の社会学	選択科目
	4	リサーチ・プラクティカム	選択科目	選択科目
3年目	5	選択科目	選択科目	
	6	選択科目	選択科目	
4年目	7	Ph.D.論文単位		
	8	Ph.D.論文単位		
5年目以降		Ph.D.論文単位		

【24】ニューヨーク州立大学アルバニー校　社会学部

http://www.albany.edu/sociology/index.html

【教員と学生】

教員数（教授、准教授、助教授）：28人

名誉教授：4人

平均入学者数（Ph.D.）：14人

【Ph.D. プログラム】

1. 授　業
―必修科目
　●理論(2コマ)
　　Soc 510 社会学理論I (Sociological Theories I、3単位)
　　Soc 511 社会学理論II (Sociological Theories II、3単位)
　●メソッド
　　Soc 509 リサーチ・メソッド (Research Methods、3単位)
　●統　計
　　Soc 522 中級統計学 (Intermediate Statistics、3単位)
　　Soc 609 多変量解析 (Multivariate Analysis、3単位)

2. 社会学入門
　プロセミナーと同様の入門的役割を果たす授業(Soc 590AB Orientation to Sociology)が1年目の学生のために設けられている。2セメスターにおよぶセミナーは、1年目の学生には参加が義務付けられている。

3. リサーチ・ツール
　学生はリサーチ・ツールとして外国語あるいは特別メソッドを修得することが必修となっている。外国語能力は試験によって試される。特別メソッドは、授業を履修することで条件を満たす。

4. MA論文
　学生はMA論文を提出して、口頭試問(ディフェンス)に合格しなければならない。

5. 総合試験(Comprehensive Exam)
　学生は第3セメスターのはじめにメソッドに関する総合試験に合格しなければならない。Soc 509 リサーチ・メソッドそして Soc 522 中級統計学の授業において、3.5以上の成績を収めた学生は、メソッドの総合試験を免除される。

6. 専門試験(Speciality Exam)

学生は二つのサブフィールドにおける知識の修得度を試す筆記試験に合格しなければならない。二つの試験は各々第6セメスターそして第7セメスターの始めに、受験しなければならない。

【研究機関】

ニューヨーク州立大学アルバニー校の社会学部は、次のような研究機関と提携して、学部の枠を越えて教員と学生に学際的な共同研究の機会を与えている。

1. 社会・人口統計分析センター(The Center for Social and Demograhic Analysis)
    http://www.albany.edu/csda/
2. 都市・地域比較研究センター
    (Lewis Mumford Center for Comparative Urban and Regional Research)
    http://www.albany.edu/mumford/
3. 女性研究所(The Institute for Research on Women)
    http://www.albany.edu/irow/
4. 政府と市民社会における女性研究センター
    (The Center for Women in Government & Civic Society)
    http://www.cwig.albany.edu/
5. 刑事司法リサーチ・センター(Hindelang Criminal Justice Research Center)
    http://www.albany.edu/hindelang/
6. マイノリティの健康格差撲滅センター(Center for the Elimination of Minority Health Disparities)
    http://www.albany.edu/cemhd/

【24】カリフォルニア大学サンタバーバラ校　社会学部

http://www.soc.ucsb.edu/index.htm

【教員と学生】

教員数(教授、准教授、助教授)：32人

名誉教授：12人

【Ph.D.プログラム】

1. 授業

Ph.D.の学位を取得するには、理論、統計、メソッドの授業を各々2コマ履修しなければならない。その他に、必修科目に指定されているのは、リサーチ・デザインの基礎コースである。

―必修科目

●理論(2コマ)

Sociology 207A-B 社会学理論(Sociological Theory)

●統計(2コマ)

Sociology 205A-B 社会学のデータ分析(Data Analysis in Sociology)

●メソッド(2コマ)

次のうちから一つのペアを選択し、教員と相談の上更にもう一つ選択

＊Sociology 211A-B フィールド・リサーチ(Field Research)

＊Sociology 212A-B 比較歴史メソッド(Comparative-historical methods)

＊Sociology 212F, 212P フェミニスト・リサーチ・メソッド(Feminist research methods)

＊Sociology 212R 言語・相互作用・社会組織(Language, Interaction & Social Organization) そしてSociology 236I 制度背景下での相互作用(Interaction in Institutional Setting) または Sociology 236V社会的相互作用のビデオ研究 (Video Study of Social Interaction)

＊Sociology 248 MA-MB 社会ネットワーク分析(Social Network Analysis)

●調査分析の論理(1コマ)

＊Sociology 203 リサーチ・デザインの基礎(Foundations of Research Design)

2. MA論文(MA Thesis)

学生は2年目が終了するまでにMA論文を提出しなければならない。MA論文は理論的または方法論的な議論ではなく、経験的なリサーチに基づく論文でなければならない。学生は、自らの実践的なリサーチを社会学が取り扱う

問題群に関連付け、論文の趣旨を的確にかつ明確に提示しなければならない。MA論文の形式は『アメリカ社会学評論』のフォーマットに沿うものである。

　MA論文の提出後に、3人の教員からなるMA委員会による口答試験がある。口答試験では、これまでの学生のコースの成績、専門領域に関する知識の修得度、そしてMA論文の評価が審査される。この口答試験に合格すると、Ph.D.プログラムに進学することができる。

3. 総合ペーパー(Comprehensive Paper)と候補確認試験(Qualifying Exam)

　Ph.D.プログラムに進学後、学生は総合ペーパーを書くことで一つのサブフィールドに関する知識の修得度を証明しなければならない。サブフィールドの図書リストはPh.D.委員会の委員長との話し合いによって作成され、それに基づいて総合ペーパーを書くことになる。総合ペーパーを提出すると、1クォーター以内に口頭による候補試験(Qualifying Exam)が行われる。候補試験では、Ph.D.委員会によりサブフィールドに関する知識とPh.D.論文プロポーザル作成の計画について問われる。この試験に合格すると、Ph.D.候補生になる。

【研究機関】

　カリフォルニア大学サンタバーバラ校の社会学部では、次のような学際プログラムと提携を結び、社会学部の学生は社会学のPh.D.プログラムに在籍しながら、こうしたプログラムに参加することで、複数の専門分野にまたがるテーマに焦点を当てた研究を行うことができる。

1. グローバル・スタディ（Global Studies）
　　http://www.global.ucsb.edu/
2. 人間開発（Human Development）
　　http://www.psych.ucsb.edu/research/ihd/
3. セクシャリティ（Human Sexuality Page, Soc 152）
　　http://www.soc.ucsb.edu/sexinfo/
4. 言語・相互作用・社会組織（Language, Interaction and Social Organization）
　　http://liso.ucsb.edu/

5. 社会科学の定量メソッド（Quantitative Methods in the Social Sciences）

    http://www.gmss.ucsb.edu/

6. 女性研究（Women's Studies）

    http://www.soc.ucsb.edu/ws_emphasis_index.htm

【24】 メリーランド大学カレッジパーク校　社会学部

http://www.bsos.umd.edu/socy/

【教員と学生】

教員数（教授、准教授、助教授）：30人

【Ph.D.プログラム】

1. 授　業

Ph.D.の学位を取得するためには、以下のような必修科目を含む48単位分の授業を履修しなければならない。

― 必修科目

●理論（2コマ）

二つのうち一つを選択（MA用）

SOCY 620 欧米社会学理論の発展（Development of European & American Theory）

SOCY 621 現代社会学理論（Contemporary Sociological Theory）

さらに一つの上級科目を選択（Ph.D.用）

●統計（3コマ）

SOCY 601 社会学リサーチのための統計学I（Statistics for Sociological Research I）

SOCY 602 社会学リサーチのための統計学II（Statistics for Sociological Research II）

教員と相談のうえ上級統計学の科目を一つ選択（Ph.D.用）

●メソッド（2コマ）　（以下のアスタリスクのうちから一つ選択）

＊SOCY 402 データ収集の手続き（Intermediate Procedures for Data Collection）

＊SOCY 404 定量分析のメソッド（Methods of Quantitative Analysis）

＊SOCY 604 サーベイ・リサーチのメソッド（Survey Research Methods）

＊SOCY 605 プログラム評価のメソッド（Methods of Program Evaluation）

＊SOCY 607 リサーチ・メソッド（Research Methods: Data Archives）

＊SOCY 609 社会リサーチ・プラクティカム（Practicum in Social Research）

＊SOCY 611 人口統計学のテクニック（Demographic Techniques）

＊SOCY 618 社会学者のためのコンピューター・メソッド（Computer Methods for Sociologists）

＊SOCY 699X 定性メソッド（Qualitative Methods）

＊SOCY 702 リサーチ・デザインと計量（Research Design and Measurement）

教員と相談のうえ上級メソッドの科目を一つ選択（Ph.D.用）

●理論とメソッド

SOCY 701 理論とメソッドの融合の諸問題（Issues in the Integration of Theory and Method）（Ph.D.用）

●コンピューター（1コマ）

SOCY 699C 社会科学のためのコンピューター入門（Introduction to Computers for Social Science）

2. 専門試験（Specialty Exam）

学生は二つのサブフィールドにおける知識の修得度を試す専門試験に合格しなければならない。社会学部が定めている八つのサブフィールドは次の通りである。1）人口統計学、2）ジェンダー・仕事・家族、3）軍事社会学、4）比較社会学、5）開発、6）階層、7）社会心理学、8）理論

【奨学金】

殆どすべての学生はティーチング・アシスタントやリサーチ・アシスタントを勤めることで、授業料免除や生活費などを受けることができる。その他にも、ワシントンに近いことから、国立高齢化研究所、国立健康統計センター、労働統計局などのオフキャンパスでの仕事に就く機会に恵まれている。

【24】イェール大学　社会学部

http://www.yale.edu/sociology/

【教員と学生】
　教員(教授、准教授、助教授)：19人
　名誉教授：7人

【Ph.D.プログラム】
　1. 授　業
　Ph.D.の学位を取得するためには、12コマの授業を2年間で履修しなければならない。そのうち、4コマは必修科目で、8コマは選択科目である。社会学部が定める必修科目は以下の通りである。
―必修科目
　●理論
　　理論(Theory)
　●統計
　　統計学Ⅰ(Statistics I)
　　統計学Ⅱ(Statistics II)
　●メソッド
　　探究の論理(Logic of Inquiry)

　「探究の論理」の授業では、メソッドの技術を教えるのではなく、因果関係、説明、理論とリサーチの関係、データ解釈の問題点、リサーチ・デザインといった経験的リサーチにおけるテーマを扱う。授業では、定量的・定性的アプローチの両方に焦点が置かれている。

　2. プロセミナー
　1年目の学生はプロセミナーに参加することが義務付けられている。プロセミナーでは、教員が自らの研究成果や関心を学生に紹介する。

3. ワークショップ

少なくとも1セメスターのワークショップに参加しなければならない。ワークショップへの参加は単位として認められるが、2セメスター以上のワークショップは単位として認められない。

4. リサーチ・ペーパー

学生はペーパーを書く訓練を2年目から始める。リサーチ・ペーパーは理論の限界点、方法論における諸問題、経験的パズルを指摘し、体系的な証拠をもとにそれらに対する答えを見つけることが求められている。リサーチ・ペーパーの目的は、論文を出版することにある。学生は2人の教員の指導の下で、30ページほどのペーパーを1年かけて執筆することになる。2年目の後半は、2人の教員からのコメントを受けて、リサーチ・ペーパーを書き直し、2年目が終了するまでに評価を受けなければならない。

5. 専門試験(Field Exam)

イェール大学社会学部の専門試験の焦点は、政治社会学、文化社会学といったサブフィールド全般の知識ではなく、現代社会学における重要なテーマに関する議論に置かれている。専門試験はペーパーの形式を取る。学生は専門試験におけるペーパーを提出後、口頭試問において2人の教員からなる委員会による審査を受ける。専門試験は第5セメスターが終わるまでに、合格しなければならない。

6. Ph.D. 論文プロポーザル

プロポーザルの構成は次の通りである。1)研究のテーマ、2)リサーチ・デザイン、3)リサーチの方法、4)章構成。プロポーザルは、第6セメスターが終わるまでに提出して口頭試問に臨まなければならない。

【研究機関】

イェール大学社会学部には、次の三つのセンターが置かれている。教員と

学生はこうしたセンターに所属し、ワークショップ、カンファレンス、ワーキングペーパーを通じて共同研究を行っている。

1. 比較研究センター(Center for Comparative Resarch)
    http://www.yale.edu/ccr/
2. 文化社会学センター(Center for Cultural Sociology)
    http://research.yale.edu/ccs/
3. 不平等・ライフ・コース研究センター(Center for the Research on Inequalities and Life Course)
    http://www.yale.edu/ciqle/

Ph. D. プログラムの典型的なモデル

	学期	1コマ	2コマ	3コマ	4コマ	5コマ
1年目	1	統計I	理論	論理的思考	選択科目	プロセミナー
	2	統計II	選択科目	選択科目	選択科目	ワークショップ
2年目	3	選択科目	ワークショップ*	リサーチ・ペーパーの準備		
	4	選択科目	ワークショップ*	リサーチ・ペーパーの修正		
3年目	5	ティーチング・フェローシップ	専門試験の受験			
	6	ティーチング・フェローシップ	Ph.D.論文プロポーザルの提出			
4年目以降		ティーチング論文執筆				

＊2年目に少なくとも一つのワークショップに参加しなければならない。

【28】ブラウン大学　社会学部

http://www.brown.edu/Departments/Sociology/

【教員と学生】

　教員(教授、准教授、助教授)：18人

　名誉教授：9人

　Ph.D.プログラム応募者数(2005年度)：111人

　入学許可者数：17人

入学者数：9人

【Ph.D.プログラム】
1. 授　業
　Ph.D.プログラムにおけるコースワークは基礎コースと専門コースから構成されている。1年目の基礎コースにおいて、理論、メソッド、統計の必須科目を履修し、社会学という学問の基礎を身につける。2年目は上級の理論やメソッドの授業を履修し、それぞれの専門分野における知識を深めることになる。MAを取得するためには8コマの授業を履修することが必要である。
―必修科目
　　●理論(2コマ)
　　　So101 社会学理論基礎(Sociological Theory)
　　　So205. 現代社会学理論(Contemporary Sociological Theory)
　　●メソッド(2コマ)
　　　So243-244. 社会調査のフィールドとメソッド(Fields and Methods of Social Research)
　　●統計(2コマ)
　　　So110 統計学(Statistics)
　　　So201. 多変量解析(Multivariate Analysis)

2. 確認試験(Diagnostic Exam)
　1年目の終了時に、So 243-244「社会調査のフィールドとメソッド」を基にした確認試験が行われる。試験は筆記試験の形式をとり、学生の社会学的アプローチに関する修得度を確認する役割を果たす。確認試験は3人の教員が審査し、授業の評価、MA論文プロジェクト、指導教員の評価とともに、社会学部における学生を総合的に評価する指標の一つになる。

3. MA論文
　すべての学生にMA論文を書くことが義務付けられている。MA論文の目的は、研究テーマの選択、仮説の設定、仮説の検証、結論の導き方というリ

サーチに必要な一連の作業を経験的に修得することにある。MA論文は出版可能な学術論文レベルに達している(表や図などのデータを活用し議論を30-35枚くらいにまとめる)ことが求められている。また、MA論文は、学生が選択した2人の審査委員によって評価され、Ph.D.プログラムを継続するのが適正かどうかの判断基準になる。MA論文は第4セメスターの始め(1月下旬)までに提出しなければならない。

　他大学で社会学あるいはその関連分野においてMA論文を執筆してMAを取得した学生は、MA論文の審査を申請して必要条件を満たせば、この義務を免除される。しかし、他大学でMA論文を書かないでMAを取得した学生はMA論文を執筆しなければならない。

4. 準備試験(Preliminary Exam)

　準備試験は、三つのサブフィールドにおける専門知識の達成度を問う試験である。そのうち二つのサブフィールドに関する試験は問題に対して筆記で答える試験であり、残りの一つのサブフィールドに関する試験は、ペーパーを書いて試験に代えるものとしている。準備試験は第6セメスターの終わりから第8セメスターのはじめまでに受験し合格しなければならない。またペーパーは二つの筆記試験終了後、5カ月以内に提出しなければならない。サブフィールドの決定は大学院プログラム委員会の承認が必要となる。以下にブラウン大学社会学部におけるサブフィールドの例を挙げてみる。アメリカ家族、コミュニティ・都市社会学、複雑・フォーマル組織、文化社会学、開発、経済社会学、環境社会学、家族、生と死、ジェンダー、移民、医療社会学、メソッド(比較、定性、定量)、政治社会学、人種と民族、社会心理学、社会学理論、老いの社会学、精神健康の社会学、労働社会学、階層と社会的不平等

【奨学金】

　すべての入学者に対して、授業料、生活費、健康保険をカバーする奨学金が保証されている。奨学金の内容は、学部からの奨学金、ティーチング・フェ

ローシップ、そしてリサーチ・フェローシップである。そのほか、2,500ドルの夏の奨学金を受け取ることができる。

【研究機関】

社会学部の教員と学生は以下のような研究機関を通じて、共同研究、学際的研究、インターンシップなどを行っている。また、教員と学生に対して、オフィス・スペースや研究費を提供している。

1. 商業・組織・企業家 (Commerce, Organizations and Entrepreneurship)
    http://coe.brown.edu/
2. 企業家プログラム (The Entrepreneurship Program)
    http://www.brownep.org/
3. 環境問題研究センター (The Center for Environmental Studies)
    http://envstudies.brown.edu/env/index.php
4. 人種・民族研究センター (The Center for the Study of Race and Ethnicity in America)
    http://www.brown.edu/Departments/Race_Ethnicity/index.php
5. 開発問題プログラム (Graduate Program in Development)
    http://www.watsoninstitute.org/gpd/
6. 人口研究・訓練センター (Population Studies & Training Center)
    http://www.pstc.brown.edu/
7. 教育・学習センター (Sheridan Center for Teaching & Learning)
    http://www.brown.edu/Administration/Sheridan_Center/
8. 社会科学研究ラボ (Social Science Research Lab)
    http://ssrl.brown.edu/
9. 社会科学の空間構造 (Spatial Structures in the Social Sciences)
    http://s4.brown.edu/
10. 公共政策センター (The Taubman Center for Public Policy)
    http://www.brown.edu/Departments/Taubman_Center/
11. 都市研究 (Urban Studies)

http://www.brown.edu/Departments/Urban_Studies/
12. 国際問題研究所(The Watson Institute for International Studies)
http://www.watsoninstitute.org/

【28】 カリフォルニア大学デービス校　社会学部

http://sociology.ucdavis.edu/

【教員と学生】

教員数(教授、准教授、助教授)：20人

【Ph.D.プログラム】

1. 授　業

Ph.D.の学位を取得するためには、次の必修科目を含む56ユニット分(およそ14コマ)の授業を履修しなければならない。

―必修科目

●理論(2コマ)

Sociology 265A 古典理論(Classical Theory)

Sociology 265B 現代理論(Contemporary Theory)

●統計(1コマ)

Sociology 106 中級統計学(Intermediate Statistics)

●メソッド(3コマ)

Sociology 201 社会調査(Social Research)

Sociology 206 定量分析(Quantitative Analysis)

次のうちから一つ選択

＊Sociology 207A-B 定量リサーチのメソッド(Methods of Quantitative Research)

＊Sociology 242A-B 歴史社会学の比較メソッド(Comparative Methods in Historical Sociology)

＊Sociology 292A-B フィールド・リサーチのメソッド(Field Research Methods)

2. プロセミナー

1年目の学生はプロセミナーに参加することが義務付けられている。プロセミナーに参加することで、学生は個々の教員の研究関心を知ることができる。プロセミナーは2ユニットとして計算される。

3. 準備試験(Preliminary Exam)

準備試験は社会学の基礎の理解度を問う試験である。準備試験の内容はSociology106中級統計学、Sociology 201社会調査、Sociology265A古典理論の授業に基づくものである。各々2時間半の筆記試験の形式を取り、学生は2日間にわたって試験に臨むことになる。準備試験は2年目の秋に実施される。

4. 候補ペーパー(Qualifying Paper)

候補ペーパーは学生が選択したテーマに関するオリジナルな分析を伴ったもので、授業で書いたペーパーを発展させたものである。ペーパーは社会学の主要なメソッド(フィールド・メソッド、比較歴史メソッド、定量メソッド)のうち一つ以上を用いなければならない。ペーパーは3年目が終わるまでに提出しなければならない。

5. 候補試験(Qualifying Exam)

学生は二つのサブフィールドにおける知識の習熟度を試す候補試験に合格しなければならない。社会学部が定めるサブフィールドは次の通りである。1)地域・都市社会学、2)複雑組織、3)文化・宗教・イデオロギー、4)人口統計学とエコロジー、5)家族と血縁関係、6)法・逸脱・犯罪学・社会統制、7)政治経済・開発・経済社会学、8)政治社会学、9)人種・民族関係、10)セックスとジェンダー、11)社会運動と集合行動、12)社会心理学、13)社会階層、14)労働・仕事・職業

【研究機関】

カリフォルニア大学デービス校の社会学は以下のような研究機関と提携

し、教員と学生によるワークショップやカンファレンスなどの共同研究を行っている。

1. 歴史・社会・文化センター（Center for History, Society, and Culture）
    http://chsc.ucdavis.edu/
2. 政府問題研究所（Institute of Governmental Affairs）
    http://www.iga.ucdavis.edu/

【28】イリノイ大学アーバナシャンペーン校　社会学部
http://www.soc.uiuc.edu/

【教員と学生】
教員数（教授、准教授、助教授）：22人
Ph.D.プログラム応募者数：70-90人
入学許可者数：12-18人
入学者数：7-10人

【Ph.D.プログラム】
1. 授　業

学部からPh.D.プログラムに入学したものは、96単位の授業を履修しなければならない。MAを終えて入学したものは、64単位の授業が必要となる。
―必修科目
　●理論（1コマ）
　　＊Soc 500 古典社会学理論（Classical Sociological Theory）
　　あるいは
　　＊Soc 501 現代社会学理論（Contemporary Sociological Theory）
　●統計（1コマ）
　　Soc 486 中級統計学（Intermediate Statistics）
　●メソッド（1コマを選択）
　　＊Soc 480 フィールド・リサーチのメソッド（Methods of Field Research）

＊Soc 481 サーベイ・リサーチ(Survey Research)
＊Soc 488 人口統計のメソッド(Demographic Methods)
●リサーチ・プラクティカム
Soc 582 リサーチ・プラクティカム

2. プロセミナー
1年目の学生は2セメスターにわたるプロセミナーに参加することが義務付けられている。

3. MAペーパー
学生はMAを取得するために、MAペーパーを執筆し、MA委員会によって承認されなければならない。MAペーパーは授業で書いたペーパーあるいは独立した研究成果であり、出版可能な質が求められている。

4. 専門試験(Area Qualifying Exam)
学生は一つのサブフィールドにおける知識の修得度を証明するために、専門試験に合格しなければならない。試験は2部構成となっており、1部ではサブフィールドの理論に関する知識が問われ、2部では学生の専門トピックについて問われる。社会学部が定める四つのサブフィールドは次のようである。1)社会のダイナミックスと構造：ネットワーク、人口、ライフコース、2)人種・階級・ジェンダー、3)科学・技術・環境・社会、4)トランスナショナル研究

5. 準備試験(Preliminary Exam)
必要単位を修得しかつ専門試験に合格すると、学生は準備試験に臨むことになる。準備試験は、Ph.D.論文のプロポーザルに関する口頭試問(ディフェンス)である。この試験に合格すると、Ph.D.候補生になる。準備試験は入学後3年半までに合格しなければならない。

【奨学金】

大学院そして学部からの奨学金は数に限りがあり、すべての学生をカバーすることができないが、殆どすべての学生がティーチング・アシスタントやリサーチアシスタントを勤めることで、授業料の免除、生活費などを受け取ることができる。

【28】アイオワ大学　社会学部

http://www.uiowa.edu/~soc/index.html

【教員と学生】
　教員(教授、准教授、助教授)：17人
　名誉教授：2人

【Ph.D.プログラム】
　1．授　業
―必修科目
　　●理論(2コマ)
　　　34:201 社会学理論の歴史(History of Sociological Theory)
　　　34:202 理論構築(Theory Construction)
　　●統計(3コマ＋1選択＊)
　　　34:214 社会学データ分析入門(Introduction to Sociological Data Analysis)
　　　34:216 社会学リサーチのリニアモデル(Linear Models in Sociological Research)
　　　34:218 カテゴリーデータ分析(Categorical Data Analysis in Sociological Research)
　　●メソッド(1コマ＋1選択＊)
　　　34:215 サンプリング、計測、観察のテクニック(Sampling, Measurement, and Observational Techniques)
　　　＊教員と相談のうえメソッドあるいは統計学の授業を一つ選択する。
　　●教授法(授業を持つ学生は必修)
　　　34:382 社会学教授法プラクティカム(Practicum on Teaching Sociology)

2. プロセミナー

1年目の学生は2セメスターにわたるプロセミナー(34:200 Graduate Proseminar)を履修しなければならない。

3. MA論文

アイオワ大学社会学部では、MAを取得することを目的としたMAプログラムを併設している。MAを取得して社会に出る学生に対しては、MA論文に代わる8単位分の授業を履修し、口答試験に合格するとMAが授与されるようなカリキュラムが用意されている。Ph.D.プログラムに進学を考えている学生はMA論文を執筆しなければならない。MA論文を提出すると、3人の教員による口答試験を受ける。

4. 専門試験(Area exam)

Ph.D.に必要な単位をすべて取り終えた学生は、二つのサブフィールドにおける知識を問う専門試験を受けて合格しなければならない。一つのサブフィールドは以下のテーマのうちから選択する。1)社会心理学、2)犯罪・法・逸脱、3)階層、4)政治社会学、5)組織、6)家族。もう一つのサブフィールドは、7)理論、8)メソッド、9)自らの研究テーマの中から一つ選択する。9)に関しては、学生は試験の審査を承諾する3人の教員をみつけ図書リストを作成する。次のようなサブフィールドが考えられる。老化、文化社会学、ジェンダー、教育社会学、医療社会学。専門試験は持ち込み不可でキャンパスで実施される。試験の長さは8時間である。

5. 総合試験(Comprehensive exam)

二つ目の専門試験に合格して1セメスター以内に、総合試験を受験しなければならない。総合試験はPh.D.論文のプロポーザルの内容に関するものである。Ph.D.論文委員会と同様のメンバーによって口頭試問が行われる。

【研究機関】

アイオワ大学社会学部は以下のような研究機関と共同研究を行っている。教員と学生の研究関心に沿った研究機関に所属し、リサーチの機会と経験を得ることができる。

1. 犯罪・社会学研究センター（Center for crime & sociological studies）
    http://www.sociology.uiowa.edu/ccsls/
2. グループ・プロセス研究センター（Center for the study of group processes）
    http://www.uiowa.edu/~grpproc/
3. 社会心理学の最近の研究（Current research in social psychology）
    http://www.uiowa.edu/~grpproc/crisp/crisp.html
4. 不平等研究所（Institute for Inequality Studies）
    http://www.inequality.uiowa.edu/

【ランク外】ブランダイス大学　社会学部

http://www.brandeis.edu/departments/sociology/index.html

【教員と学生】

教員数（教授、准教授、助教授）：16人
MA/Ph.D.プログラム応募者（2005年度）：91人
入学許可者数：7人
入学者数：5人

【Ph.D.プログラム】

　ブランダイス大学社会学部はヨーロッパの理論とシカゴ学派のフィールド研究の伝統に基づいた少人数のPh.D.プログラムを提供している。定量、歴史、比較の幅広いメソッドを尊重しているが、ブランダイスはその定性分析で広く知られている。主なサブフィールドは、ジェンダー・フェミニズム研究、健康・医療社会学、政治・社会変動である。

1. 授業

Ph.D.の学位を取得するためには、3年間で18コマの授業を履修しなければならない。必修科目として、社会学理論の授業を1コマ、そしてメソッドの授業を1コマ履修するよう定められている。ブランダイス大学社会学部では、統計の履修は必須とはなっていない。統計が必修科目になっていないのは、33校の中でブランダイス大学とニュースクール大学だけである。また、ブランダイス大学では、定性メソッドが必修科目に指定されているが、その他33校の中で定性メソッドが必修科目に指定されているのはカリフォルニア大学バークレー校、ハーバード大学、プリンストン大学、ペンシルベニア大学、オハイオ州立大学、ブランダイス大学、ニュースクール大学だけである。

―必修科目
  ●理論
  ●メソッド

2. プロセミナー

1年目の学生は隔週のプロセミナーに参加することが義務付けられている。プロセミナーでは、教員が自らの研究成果や関心を学生に紹介する。

3. 総合試験(Comprehensive Exam)

ブランダイス大学社会部の特色は、学生個人の研究関心に沿って社会学の研究力を伸ばすフレキシブルなPh.D.プログラムが用意されていることである。Ph.D.プログラムにおいて、個々の学生の研究を指導するのは、GAC(Guidance and Accredidation Committee) と呼ばれる指導・認可委員会で、学生は自らの選択によって三つのサブフィールドをカバーする3人の教員からなるGACを形成する。3年目の12月1日までに、学生はGACを作らなければならない。

総合試験では、GACの指導の下で学生は自らの研究関心に沿って、三つのサブフィールドにおける参考文献リスト、授業の概要、リサーチ・プロポーザル、ペーパーを提出し、それをもとに口答試験が行われる。サブフィールドごとに教員が作成した図書リストをもとに筆記試験に臨む形式とは異な

り、学生は自らの関心に沿った専門知識をGACの指導の下で習得することが求められている。総合試験は4年目の12月1日までに合格しなければならない。

4. Ph. D. 論文プロポーザル

　総合試験に合格すると、学生はPh.D.論文のプロポーザルを作成して、Ph.D.論文委員会による口頭試問(ディフェンス)に合格しなければならない。Ph.D.論文委員会は社会学部の3人の教員と学部外の一人の審査委員から構成される。プロポーザルのディフェンスは4年目の5月1日までに合格しなければならない。

5. Ph. D. 論文

　学生はPh.D.論文を提出し、口頭試問(ディフェンス)に合格しなければならない。

【ランク外】ニュースクール大学　社会学部

http://www.newschool.edu/gf/soc/

【教員と学生】

　教員(教授：9人、助教授：2人)：11人
　名誉教授：3人
　講師：1人
　アフィリエィティッド：9人
　平均入学者数(Ph.D.)：25-30人
　平均入学者数(MA)：15-25人

【Ph.D.プログラム】

1. 授　業

　MAの条件を満たすには、30単位(通常10クラス)を取得し、平均3.0以上の成績(GPA)を維持しなければならない。またPh.D.の場合は、更に30単位を追加し合計60単位を取得しなければならない。授業履修に関する必修科目は二つ

あり、理論2科目とメソッド2科目を履修しなければならない。理論では社会学の基礎を習得することが目的であり、学部から直接大学院に入った学生は以下の2科目を履修することが義務付けられている(社会学のMAを持っている学生は履修を免除される)。

GSOC 5101 社会学の基礎I (Foundations of Sociology I)
GSOC 5102 社会学の基礎II (Foundations of Sociology II)

　メソッドでは、定量分析、2)フィールド・エスノグラフィー、3)学部が認める他のメソッドの授業、のなかから一つを選択しなければならない。更にPh.D.の場合、上記に加えてもう一つメソッドの授業を取らなければならない。

2. MA試験
　MAの学位を取得するために論文を書く必要はないが、30単位の授業を履修した後に、筆記試験に合格しなければならない。MA試験では、主に必修科目である社会学の基礎そしてメソッドに関する問題が出題される。

3. 候補試験 (Qualifying Examination)
　30単位を取得してから60単位を取得するまでに、候補試験に合格しなければならない。候補試験は二つのサブフィールドに関する知識の修得度を試す筆記試験と口答試験からなる。社会学部が指定するサブフィールドは、以下の六つである。1. 文化社会学、2. 比較歴史分析、3. 政治社会学、4. 都市社会学、5. 社会思想、6. メディア研究

4. Ph.D.論文プロポーザル
　Ph.D.候補生になるためには、Ph.D.論文のプロポーザルを提出し、論文審査委員会による口答試問(ディフェンス)に合格しなければならない。口答試験では、学生のテーマに関する社会学的知識が問わる。プロポーザルは、研究する問題点を明らかにし、その問題に関する先行研究を整理し、データ収

第2章　調査結果の概要　115

集と分析アプローチの方法を明示し、研究から期待される結果を含んでいることが期待されている。

5. Ph. D. 論文

提出されたPh.D.論文は、3人の社会学部の教員と1人の他学部の教員からなるPh.D.論文審査委員会による審査を受ける。学生は口頭試問(ディフェンス)に合格しなければならない。

6. 外国語

学生は一つの外国語を読解する能力を身に付けなければならない。

【奨学金】

奨学金には限りがあり、入学するPh.D.学生の数名が授業料の全額か一部を免除される。MA学生には奨学金の制度はなく、自費か外部の団体からの奨学金を受けて研究を行っている。学生を財政的に支援する体制を整えることが、現在の社会学部の重要な課題の一つとなっている。

【研究機関】

ニュースクール大学社会学は以下のような研究機関と共同研究をしている。

1. ハンナ・アーレント・センター(Hannh Arendt Center)
2. 経済政策分析センター(Schwartz Center for Economic Policy Analysis)
　　http://www.newschool.edu/cepa
3. 移民・民族・市民権研究センター(International Center for Migration, Ethnicity, and Citizenship)
　　http://www.newschool.edu/icmec/
3-1. 西欧研究委員会(Committee on Western European Studies)
4. 越境民主主義研究センター(Transregional Center for Democratic Studies)
　　http://www.newschool.edu/tcds
4-1. 東・中欧プログラム(East and Central Europe Program)

5. フッサール・アーカイブ (The Husserl Archives at the New School)
　　http://www.socialresearch.newschool.edu/phil/husserl

2. 面接調査の結果

つづいて、我々が行ったインタビュー調査の結果をまとめておくことにしよう。

(1)　ウィスコンシン大学マジソン校　社会学部
Ph.D.プログラム・ディレクター(DGS)：ダグラス・メイナード (Douglas, Maynard)
2005年3月7日(月)

大学院入試

　ウィスコンシン大学の社会学部は、MA取得を目的とする学生には入学を許可していない。大学院教育の主眼はPh.D.の取得である。ウィスコンシン大学の場合、入学を許可する学生の数は応募者の3分の1が基準となっている。毎年約300人の応募があるが、100人ほどに入学の許可を出し、25人くらいが実際に入学している。例えば、2003年度には39人、2004年度には23人がPh.D.プログラムに入学した。

　大学院入試には五つの基準がある。1) GRE (大学院入学のための統一試験) そしてTOEFL (英語が母語語でない学生のための英語能力試験)、2) 大学そして大学院での成績 (GPA)、3) 推薦書、4) 応募理由、5) サンプル・ライティング。入試に際して、GPAやGREは重要であるが、五つの評価基準の二つでしかない。入学の可否は他の基準も考慮して総合的に下される。GREのスコアが低ければ、その他資料を見ないということもあるが、ウィスコンシン大学に応募する殆どの学生は高いスコアを持っている。

　学部時代に社会学を履修していなくても、Ph.D.プログラムへ入学することは可能であり問題ではない。Ph.D.プログラムは体系的にカリキュラムが組まれているので、必修をこなすことで社会学の基礎をマスターすることが

できる。社会学のバックグラウンドを持たない学生に対しては、時には学部レベルの社会学理論やメソッドの授業を取ることを薦めることもある。

Ph. D. プログラム

ウィスコンシン大学は社会学部のほかに農村社会学部があるが、現在、社会学部だけで42人の教員がいる。今日、アメリカの大学の中でもウィスコンシン大学が比較的大きな社会学部に成長したのは、1960年代後半から70年代の前半にハル・ウィンズボロー（Hal Winsborough、現在同学部名誉教授）などが中心となって、優秀な社会学者をリクルートして学部を拡大してきたことが、発展のモメンタムとなった。1970年代の後半には、40人の教員が所属する大きな学部に成長した。

ウィスコンシン大学社会学部の長所としては、教員の研究領域の多様性と体系だったPh.D.カリキュラムをあげることができる。学部として多様な研究アプローチを尊重し、教員の間でも異なるメソッドに対する理解が深い。Ph.D.カリキュラムではメソッド、統計、理論、そしてリサーチ・セミナーが必修科目になっている。一方、短所は、マイノリティー教員・学生をリクルートすることができていないこと、そして大学院生への奨学金が不十分であることをあげることができる。

付属研究機関の役割

ウィスコンシン大学社会学部には多くの付属研究機関がある。例えば、人口統計・生態学センターは、連邦政府から多額の研究助成を受けており、このセンターに所属している教員や学生に研究の機会を提供している。学生はセンターの研究員になることで、トレーニングと奨学金を受けることができ、また教員は研究のための費用をセンターから受けることができる。

カリキュラム

カリキュラムはPh.D.を取得するようにデザインされている。従って、MAを取得してプログラムを辞めるという学生は稀である。カリキュラムの特筆

すべき特徴を5点ほどあげてみる。

　プロセミナー(Pro seminar)：1年目の大学院生が参加することが義務付けられている。セミナーのフォーマットは教員が自分の研究領域を大学院生に紹介するように工夫されている。また、セミナーでは、研究費や奨学金を取るために必要な知識と技術を身につけることになる。

　MA論文：学生はMA論文を2年目が終わるまでに書き上げることになっているが、MA論文の位置づけは厳格なものではない。MA論文は期間中に仕上げることが求められており、すみやかにPh.D.論文に取り掛かることを推奨している。他の大学で修士を取ってきた人はMA論文が免除される。

　口頭試験(Oral examinations)：MA論文の提出を受けて、2時間の口答試験では教員と学生の間でMA論文に関する問答が交わされる。口答試験の役割は、学生がPh.D.プログラムに適しているかどうかを評価することである。およそ9割の学生が口答試験をパスして、Ph.D.プログラムを継続している。

　準備試験(Preliminary examinations)：学生はPh.D.論文を書き始める前に、筆記と口頭の準備試験に合格しなければならない。筆記試験は、学生の選択による二つのサブフィールドに関する知識を問うものであり、学生は各々の必読書リストにある課題図書を読んで、筆記試験に臨むことが求められている。筆記試験のフォーマットは、持ち込み不可で、試験問題は事前に知らされていない。それに続いて口答試験がある。準備試験のフォーマットに関しては、教員の間で賛否両論がある。

　Ph.D.プログラムを修了するまでの平均年数は8年である。

　アメリカにおける優れたPh.D.プログラムを提供している大学として、カリフォルニア大学バークレー校、カリフォルニア大学ロサンジェルス校、ウィスコンシン大学マジソン校、ノースキャロライナ大学チャペルヒル校の名前をあげている。

(2)　ミシガン大学アナーバー校
社会学部長：ハワード・キメルドフ(Howard Kimeldorf)教授

2005年3月9日(水)

大学院入試

　ミシガン大学社会学のPh.D.プログラムには毎年200人ほどが応募してくる。入学を許可するのは約40人で、そのうち実際に入学するのは20人くらいである。社会学部のPh.D.プログラムのほかに他の学部(Social work, Women's studies, Public policy)とのジョイント・プログラムの学生が7-8人いる。入学を許可する学生数は、学部が奨学金を与えることができる財政力によって決定される。

　入学試験の選考基準は、1)GRE(統一大学院試験)、2)大学の成績、3)サンプル・ライティング、4)推薦状である。これらを総合的に評価して、60-70の応募者に絞り、最終的に上位40人をリストアップする。試験や成績が優秀な学生が必ずしも大学院で成功するわけではないので、教員の専門領域そして研究関心に合う学生を選ぶ。そのため、ほとんどの学生がPh.D.プログラムを修了する。

　現在ではすべての学生に同じ内容(5年間)の奨学金が支給されている。数年前は、学生によって全額支給のものもいれば、まったく奨学金を受けていないものもいた。そうした差をなくすることは、学生間の好ましくない競争を予防し、学生間の交流を刺激することに役立つ。

Ph. D. プログラム

　ミシガン大学社会学部の長所は、第一に以下の八つの専門領域における幅広い社会学のコースを提供していることである。1)文化と知識、2)経済社会学と組織、3)ジェンダーとセクシャリティ、4)健康と老い、5)権力の歴史と社会変動、6)人種と民族、7)人口統計学、8)社会心理学。第二に、学生は4年間にわたって、計量メソッド、定性メソッド、サーベイ・メソッド、比較歴史メソッドの多様な研究アプローチを身に付けることである。

　短所は、多くの教員が多数の付属研究所に所属しており、これらの研究所が大学に点在するので、教員が社会学部に集まることが難しいことである。そのため学部を中心としたまとまった知的コミュニティを築くのが難しい。

カリキュラム

　ミシガン大学の社会学では、学生はMA論文を提出することを求められていない。その代わりに、Preliminary examと呼ばれる二つの準備試験に合格しなければならない。第1準備試験は八つの専門領域の一つに関する知識を問う試験であり、学生は四—五つの問題に筆記で答えなければならない。この試験に合格すると、第2準備試験を受けることができる。第2準備試験では、八つの専門領域からもう一つ選択して筆記試験に臨むか、3人の審査員が認めた個別の専門領域において、ペーパーを書くことになる。後者の場合、学生はPh.D.論文で取り組む研究テーマを意識しながら、関連する文献を批判的に検討することになる。同時に、このプロセスを経ることで、学生はペーパーの研究テーマと同様な関心を持つ教員と対話することが必要となり、学生がPh.D.論文執筆の段階にスムーズに移行できるようになっている。このシステムを導入してから、学生のドロップアウトは稀になったという。

　論文指導をどのように行うかはドイツ・モデルを採用した日本の大学院教育にとって重要な課題である。ミシガン大学社会学部の場合、学生が教員とできるだけ頻繁に対話するようなシステムが作られている。学生を自由に研究させるのでなく、教員からアドバイスを受けることができるようにし、また学部が学生の研究進度を把握することができるようになっている。学生は入学と同時に一人の指導教員（AdvisorからMentorへと名称変更を行った）につくことになっている。学生は最低でも1年に1度は指導教員と研究の進度について打ち合わせをすることになっている。指導教員は変更することが可能であり、そのほかに数名の教員と研究を行うこともできる。

大学の財政

　ミシガン大学は州立大学であるが、州政府からの助成金はたいして多くない。歳入の7割は個人・企業などからの寄付と学生からの授業料によってまかなわれている。ミシガン大学の卒業生のネットワークは固く、大学の寄付を集める能力はたいへん優れている。また、7割の学部生はミシガン州在住の学生でなければならないが、州外居住者は私立大学と同等の30,000ドルの

授業料を支払っており、授業料からの収入も多い。

アメリカ社会における社会学の位置
　U.S. News & World Report 誌のランキングはかなり正確ではないだろうか。優秀なPh.D.プログラムは、カリフォルニア大学バークレー校、ウィスコンシン大学マジソン校、シカゴ大学、ミシガン大学アナーバー校、ノースキャロライナ大学チャペルヒル校だと考える。カリフォルニア大学バークレー校は自由度の高いプログラムであるけれども、優秀な学生が集まり教員と一緒に研究をしている。

　アイビーリーグ大学の社会学部はランキングでは中西部の州立大学より低いのはどうしてなのか？ イェールやハーバードは若手の研究者にテニュアを与えることが稀なので、有名な教授は多いが若手の研究者が育っていない。それがハンデになっている。ミシガン大学は若い研究者を積極的に雇って学部を強化してきた。また、アイビーリーグの大学はアメリカ社会のエリートを養成しているが、アメリカ社会では政治学、経済学、ビジネススクール、ロースクールが重視されており、社会学や人類学はそれ程重きを置かれなかった。アメリカは資本主義社会であり、高収入な仕事に就くことができる学位が重視されている。先の問いへの回答はこのような事情を考慮することによって得られるだろう。

(3)　ノースキャロライナ大学チャペルヒル校
社会学部長：ハワード・アルドリッチ（Howard Aldrich）教授

2005年3月10日（木）

教員の数
　現在は22人が社会学部に所属している。来年から新しい教員2人が入る予定。教員の数は増加の傾向にある。教員の数は市場の論理によって決定されるが、Dean（大学院長）が教員数の上限を設定し、学部はDeanの許可を得て新

しい教員のポストを作ることができる。例えば、1990年に社会学部は4人の教員が離職したが、その後の新しい教員を補うことはできなかった。

　研究を目的とした学部としては、規模が大きい方が有利である。教員が多ければその分だけ大学院生も多く取ることが出来るし、大学院生の就職にも有利である。社会学部がDeanにこの分野において1人リクルートしたいのだがという要望を提出し、それが認められると学部はサーチ・コミッティを設けリクルートを始める。そうなると、Deanの許可次第ということになるが、DeanはProvost（副学長）によって任命される。

大学院入試

　ほぼ毎年Ph.D.プログラムへおよそ170人の応募がある。毎年12人の学生が入学してくる。優秀な大学出身の学生をとる傾向がある。教員の研究関心と合致する学生を取る。

Ph. D. プログラム

　ノースキャロライナ大学の強みは計量メソッドにある。この分野で優れた教員をそろえている。また、人口学は全米でもトップクラスである。4年間の奨学金を総ての学生に支給する。現実には、大学院に入ってから5－6年奨学金を貰うのが平均的である。学生間の好ましくない競争をなくすという目的がある。学部の規模が小さいから、教員と学生の緊密な関係ができる。

カリキュラム

　MA論文の位置づけは重要だ。MA thesisでなくMA paperと呼ぶように変えた。自分の学生にはMA paperは2年間で終わらせなければならないと言っている。Ph.D.論文を書き終えるのも6年以上経つと、Ph.D.論文完成の確率は急激に低下する。7年以上かけるのは大学にとっても学生にとっても時間の無駄である。正確な数字はないが、半数は6年のうちにプログラムを修了する。

社会学Ph. D. プログラムのタイポロジー

1. 独立モデル (Berkeley, Harvard) は教育内容がフレキシブルであるという特徴を持つ。学生はプログラムに入ってから完全に自由である。
2. トップダウン・モデル (Wisconsin, Michigan, North Carolina) は、厳格なカリキュラムに沿って、学生を画一的に教育する特徴がある。教員の厳格な指導のもと、短時間でプログラムを修了することが強調されている。

大学での知的コミュニティをどのように形成するのか？

アメリカにはヨーロッパのような教員の間の上下関係が希薄なので、教員の間の協力関係を築くことは比較的容易である。有名な教授に対しても決して特別扱いをしない。

アイビーリーグと州立大学における社会学部の規模の差異

もともとアイビーリーグは学部生の数が少なく、大きな州立大学とは教育の性格が元から違う。また、アイビーリーグは伝統的に人文科学に力点をおく傾向があり、社会科学はその次ぎの重点領域になっている。例外は社会科学の中でも政治学部と経済学部であり、それらに関してはアイビーリーグはとても優秀なPh.D.プログラムを持っている。

資　金

1. Private Funds：ディベロップメント・オフィスは個人や団体から募金を集めることが仕事である。社会学部のChairの仕事の一つに、こうした個人や団体と会って募金を求めることがある。こうしたファンドは教員の給料にあてたり、学生の奨学金にあてたりする。アメリカの企業のフィランソロピーの文化が成熟しているので企業からの支援を受けることが日常茶飯事である。卒業生は大学にとても愛校心を持っているので、そうした人に寄付してくれるように働きかけている。
2. Research Funds：大学全体では6億ドルのリサーチグラントが入ってくる。キャロライナ・ポピュレーション・センターという優れた研究機関があるので、そこに多くの研究資金が入ってくる。

(4) デューク大学
社会学部長:フィリップ・モーガン教授(S. Philip Morgan)

2005年3月10日(金)

大学院入試

　毎年の応募者の数は約100-130人である。社会学部は15-16人に入学許可を出すが、実際に入学するのは8-9人である。8-9人という学生数は学部が持つ奨学金の数によって決定される。

　デューク大学は私立大学であり、毎年1,500人ほどの学部生(Undergraduate)が入学してくる小規模の大学である。また、大学院の規模も小規模で、大学院生は教員と共同研究ができるようになっている。学部生が少人数であるため、学生はティーチング・アシスタントの義務を課せられていない。ノースキャロライナ大学は州立大学であり、毎年約6,000人の学部生が入学する非常に大きな大学である。そのため、学生は教員の補助として学部生を教えなければならない。

　デューク大学では、Ph.D.プログラムに入学するすべての学生に対して5年間の奨学金が用意されている。奨学金を受けない学生には入学を許可していない。すべての学生に奨学金を保障することで、学生間の好ましくない競争を避け、学生がプログラムに集中することが出来るように配慮されている。大多数の学生は5-6年でプログラムを修了する。

Ph. D. プログラム

　社会学部の教員の定員数は20人である。教員の定員数は2人のディーンによって決定され、この定員数を超えて教員を雇うことはできない。したがって、教員と学生の数の割合は、一人の教員は平均して2-3人の大学院生を指導することになる。

　デューク大学の社会学部の特徴は、人口統計学、経済社会学、社会階層、心理社会学、医療社会学の領域で優れていることである。また、小規模な学部の利点を活かして教員と学生が共同研究を行うことができることである。

学部としては、学生が最短でPh.D.を取得することを推奨している。学部が奨学金を出している5年以内にPh.D.を取得することが望ましい。5年以上の年数を超えて大学に残るには、自分で奨学金を取ってくることが必要になる。Ph.D.プログラムにおける学生の評価基準は、学位に向けて確実に進歩しているかどうかを評価する。適正に進歩していないと判断されると、奨学金は打ち切られる。そうすると、自動的に大学院生はプログラムを去ることになるが、そのようなケースは稀である。

卒業生の3分の2は大学に教員あるいはポスト・ドクターとして就職する。一部であるが、民間企業に就職するケースもある。企業が求めるような人材は、経験的な研究ができる人であり、日本でもデータを読み解く能力のある学生はトヨタなどの企業にも就職できるであろう。

カリキュラム

プログラムの1年目にはプロ・セミナー(Pro Seminar)に参加することが義務づけられている。セミナーでは、毎週異なる教員が自分の研究領域を学生に紹介する。セミナーの目的は、学生は教員の研究関心を知り、後に指導教員を決定するのに必要な情報を提供することである。また、グラントに応募するときの応募書類の書き方なども学ぶ。2年目のセミナーでは、修士論文に該当するペーパーを1年かけて仕上げることを行う。3年目のセミナーでは、Ph.D.論文のプロポーザルを書く。準備試験(Preliminary exams)は社会学の六つの専門領域から二つを選択し、必読書リストで指定された研究書を読み試験に臨むことになる。4年前から大学院生が3人の教員の許可を得て六つの専門領域以外の個別の専門領域の必読書リストを作成して準備試験に臨むこともできるようになった。

ランキングとアメリカ社会学

デュークの社会学部には非常に優秀な教員が集まっているが、*U.S. News & World Report* では16位にランキングされているのはどうしてか。モーガン氏によれば、比較的下位にランク付けされているのは、社会学部の大学院の

規模が他と比べて小さいからであるという。ランキングをつける審査員は自分の出身大学を高く評価するため、Ph.D.を多く送り出さない大学はどうしても下位にランクされてしまう。

　社会学の分野では、ウィスコンシン大学、ミシガン大学、インディアナ大学、ノースキャロライナ大学などは、優秀な教員と洗練されたPh.D.プログラムを持っている。おそらく、ランキングでトップ10に入る大学はプログラムの質では大きな差はなく、皆優れている。モーガン氏によれば、アメリカの社会学の分野に複数のトップスクールが存在するのは、第一にアメリカが地理的に広大であるため、比較的多くの優秀なリサーチ・ユニバーシティが必要になってくる、第二に、政治学や経済学と異なり、社会の全ての専門領域でトップであることは難しい、といった理由からだという。各大学は自分の得意な専門領域を持っており、その専門領域トップを目指そうとする傾向がある。

(5)　コロンビア大学
社会学部長：ピーター・ベアマン教授（Peter Bearman）

2005年3月14日（月）

大学院入試
　コロンビア大学社会学部のPh.D.プログラムには、2004年度はおよそ260人からの応募があった。入学が許可されたのは16人で、実際に入学したのは7人である。入試で重視しているのは、1)GRE（統一大学院試験）、2)学部の成績、3)研究計画書、4)推薦状、5)サンプル・ライティングである。

Ph. D. プログラム
　コロンビア大学が強い専門領域は、理論、社会ネットワーク、都市社会学、歴史社会学、文化社会学、社会運動で、反対に弱い領域は、人口統計学、ジェンダー、科学と技術である。社会学の場合、ランキングは専門領域によりかなりのばらつきが見られる。ある一つの大学がすべての分野において優れて

いるということは稀で、各大学とも売りとそうでない分野を持っている。そして、この得意分野において、良い教員と学生を獲得するための競争が大学間で行われている。通常学部改革の柱となるのがカリキュラム編成であるが、アメリカの場合優秀な教員を採用し維持することも重要である。コロンビア大学がライバル視する大学は、その得意分野と密接な関係がある。競合する他大学は、ハーバード、プリンストン、ウィスコンシン、シカゴ、バークレーなどである。

　社会学部には20人の教員が所属している。今後、学部を強化するために教員を補充する予定である。

カリキュラム

　コロンビア大学社会学部はMAプログラムを提供していない。学生はPh.D.プログラムに直接入学することになる。MAプログラムは大学院教育の柱ではなく、学部の財政事情を緩和するための手段として提供されてきた。Ph.D.学生が奨学金を受けるのに対して、MA学生は自費で授業料を払うので、学部としては研究費を捻出するために学生を受け入れてきた。しかし、学部は財政難に対して、Ph.D.学生の数を削減して小数の優秀な学生に奨学金を厚く支給するという戦略に切り替えたので、MAプログラムを廃止した。同じコロンビアでも、財政事情は学部によって異なるようで、社会学部は外部からの助成金が比較的多いためMAプログラムを廃止したが、政治学部では依然としてMAがあるという。

　1年目のプロ・セミナーでは、毎週教員が自分の好きなテーマで話しをする。そこで学生は教員の研究関心に接することができ、指導教員選びなどにも役立つ。1年目の学生は参加することが必須である（単位にはならない）。学生のコーディネーターが、プロ・セミナーの企画と実施を担当する。

　2年目には、社会学の基礎知識を問う総合試験を受ける。学生は30ページくらいのMA論文を書くことになるが、あくまでも目的はPh.D.論文を仕上げることにある。

　3年目のリサーチ・プラクティカムでは、学生が出版可能なレベルの論

文を書くことを目的としている。論文を出版することが就職に重要であるという観点からカリキュラムに導入された。コースワークの仕上げとして、Ph.D.論文のプロポーザルを提出すると、Ph.D. Candidateになる。

Ph.D.プログラムにおけるドロップアウトは珍しい。一般的にはGeneral Examinationなどに不合格になるということが、その学生がこの学部、社会学に不適合であるということのサインになっている。GEに落ちる学生は30人に1人の割合くらいだという。Ph.D.取得には平均7年かかる。

社会学Ph. D. プログラムのタイポロジー

ベアマン氏によれば、アメリカのリサーチ・ユニバーシティには三つのモデルがあるという。

1. 看板モデル

    著名な教授の強力なリーダーシップのもと、助教授や大学院生がチーム研究を行うというもの。教授を頂点としたヒエラルキーが形成されるのがこのモデルの特徴である。ウィスコンシン大学のE. O. ライト（Erick Olin Wright）の研究チームはその典型である。

2. 共同研究モデル

    教授と学生が一緒に研究をするもの。縦の関係を重視する第1モデルと異なり、横の関係がこのモデルの特徴である。代表的な大学はノースキャロライナ大学チャペルヒル校。実際にUNCの学生は教授と共著で論文を書くことが多い。

3. 独立モデル

    優秀な学生が自由に好きな研究を行うというもの。日本の大学院教育とも似ているが、異なる点はコアとなる教育に関しては徹底した必修科目が学生に課せられている。カリフォルニア大学バークレー校、コロンビア、ハーバード、プリンストンがその代表校。

資　金

コロンビアの社会学部は、外部からの助成金を教員が取ってくることがで

きているので、財政的な余裕がある。例えば、Institute for Social and Economic Policy を運営するベアマン氏は連邦政府から600,000ドルの研究費を確保した。その他プライベートな財団からも助成を受けている。教員が持ってきた研究費を使って、キャンパスではワークショップやセミナーなどが頻繁に開かれているし、大学院生を助手として共同研究を進めている。従って、こうした研究助成金の確保は学部運営に重要な役割を果たしている。

(6) ニュースクール大学
社会学部長：ジェフリー・ゴールドファーブ教授（Prof. Jeffrey Goldfarb）

2005年3月15日（火）

大学院入試

　ニュースクール大学社会学部のPh.D.そしてMAプログラムに毎年50人くらいの学生が入学する。Ph.D.プログラムには25-30人で、MAプログラムには15-25人くらいである。他のリサーチ・ユニバーシティと異なりMAプログラムを設けているのは、大学の財政がPh.D.プログラムを支えることができないことが大きな理由となっており、MAプログラムの授業料が一つの収入源となっている。しかし、このような状況は望ましくなく、将来的にはPh.D.プログラムに特化した大学院教育の体制を構築したい。

　ニューヨークという地理的特徴から、留学生の割合は入学者の約4割と高い。ヨーロッパ、ラテンアメリカ、アジアから優秀な学生が応募してくる。海外では特にブラジルからの国費・私費留学生が多くやってくる。Ph.D.プログラムに入学する学生は、アメリカあるいは海外の大学でMAを取得していることが多い。留学生の多くは出身国でMAを修了し、ニュースクール大学で活発に行われている社会科学の研究に興味を持って、Ph.D.プログラムに入学してくる。その他、アメリカ国内のMAプログラムを修了して、ニュースクール大学にトランスファーしてくる学生もいる。

Ph. D. プログラム

　ニュースクール大学はヨーロッパの伝統に根付いたアメリカの大学であり、ハイブリッドな特長を活かした教育を提供している。最近では、大学の人事などを見ても、アジアと密接な関係を模索しようとする傾向を見ることができる。新しいプロヴォストそしてディーンにはインド人と中国人が就任した。社会学部の教員にも日本人がいるし、最近リクルートした教員は韓国人である。ニュースクール大学は真の意味でのコスモポリタンな大学を目指している。

　ニュースクール大学は社会学の先駆者として、常にトレンド・メーカーの役割を果たしてきた。Center of Political and Historical SociologyそしてCenter for the Study of Civil Societyは、社会学の重要な問題を提起し、各々の専門領域における研究をリードしてきた。現在の構想では、メディア社会学に力を入れて、この専門領域における研究の発信基地になることを目指している。ニュースクール大学は小さな大学なので、こうした専門分野における特化が必須となる。すべての分野でトップであるためには、優れた教員をリクルートしなければならず、資金の限られた大学には難しい。

　社会学部の教員は8-9人と小規模である。ニュースクール大学の研究のコアとなっている大学院には60人ほどの教員が所属している。小規模の長所を活かして、教員は学部の壁や専門分野の枠を超えた学際的な共同研究に取り組んでいる。

　大学の奨学金制度はこれからもっとも重点的に改善していかなければならない課題である。基本的に、MAの学生に対する奨学金はないので、MAプログラムに入学する学生は外部から奨学金を受けるか、自費でまかなわなければならない。Ph.D.の学生に対する奨学金制度も残念ながら十分ではない。学費の全額免除を受けられる学生は2-3人ほどで、その他の学生は25-75%の免除を受ける。生活費を含めた奨学金をもらう学生は殆どいない。

　MAプログラムからPh.D.プログラムに進学するためには、MA修了試験に合格しなければならない。およそ7割の学生がMA修了試験に合格している。最終的には入学時のおよそ半数の学生がPh.D.を取得することになる。ニュー

スクール大学の場合、Ph.D.を取得するのにかかる平均年数は7-8年である。学部として、10年までを目安としており、それ以上の年限を必要とする場合には、学生は学部に申請しなければならない。

カリキュラム

ニュースクール大学社会学部の特徴は、理論的な研究関心に導かれた重要なテーマの研究を目的としている。他のリサーチ・ユニバーシティのPh.D.プログラムでは、研究テーマを社会学的関心からではなく、方法論から決定するように学生を訓練しているように見受けられる。ニュースクール大学社会学部のPh.D.プログラムでは、学生は20のクラスを修了することが必要になる。その中には、計量メソッドのクラスもあるが、社会学の理論と社会学の歴史のクラスを取ることが必修となっている。そして、学部が定める六つの専門領域－1)理論社会学、2)比較歴史社会学、3)都市社会学、4)政治社会学、5)文化社会学、6)メディア社会学－から二つを選択して、各々の専門領域の基礎コースのクラスを履修することになっている。

大学のランキングは、テーマごとに行われるものが正確である。コロンビア大学はネットワーク研究、ウィスコンシン大学はサーベイを用いた計量的研究が有名である。ニュースクール大学は、文化社会学で知られている。

アメリカの大学システム

ゴールドファーブ氏が専門としている東欧では、日本と同様に大学教育にドイツモデルを採用しているため、大学における教員と学生の間には、しばしば徒弟関係が見られる。教員と学生の間に見られる徒弟関係の大きな要因は、学生の就職に際して指導教員が大きな影響力を握っているからである。アメリカの大学システムの特徴は、まず何よりもアカデミック・マーケットである。アカデミック・マーケットが存在することにより、アメリカの大学では厳格な意味での徒弟関係は稀である。また、大学院教育では、学生は一人の指導教員に依存するのではなく、複数の教員と研究を行うことになるので、厳格な徒弟関係が根付くことはない。

(7) シカゴ大学
社会学部：エドワード・ラウマン教授（Prof. Edward O. Laumann）

2005年3月16日（水）

大学院入試

シカゴ大学社会学部のPh.D.プログラムには、毎年25-35人の学生が入学する。学部全体で学生の数は150人ほどになる。

イェールやプリンストンなどの学部教育（undergraduate study）を中心とする大学と異なり、シカゴ大学はまず大学院教育を専門とする大学としてスタートした。学部教育は後から付け加えられた。シカゴ大学の大学院教育中心の特徴は学生構成からも伺える。大学院生の数は10,000人、学部生の数は4,300人、そして教員の数は500人。

Ph. D. プログラム

シカゴ大学社会学部は1892年に設立された全米初の社会学部である。*American Journal of Sociology* はシカゴ大学から始まり、現在も同誌の編集室はシカゴ大学にある。シカゴの社会学は、政治学、経済学、人類学を含めた学際的な研究アプローチを育ててきた。エドワード・シルズ（Edward Shils）教授は、長年社会思想研究部門のリーダーとして活躍した。

現在、社会学部の教員は17-18人であるが、アメリカ国籍でない教員も多いのが特徴である。シカゴ大学はクォーター制（1年が4学期により構成）を取っており、教員が1年に教えなければならないのは4コマである。

大学の奨学金制度は以前と比べて格段に充実した。以前は、奨学金を受けない学生も入学を認めていたが、研究のほかに仕事を見つけなければならなかった。現在では、研究に専念できるように、Ph.D.プログラムに入学してくるすべての学生に4年間の学費と生活費が保障されている。Ph.D.を取得する学生は入学時の学生数のおよそ半分である。

カリキュラム

1年目に学生は理論、メソッド、統計学の必修科目を履修する。2年目に準備試験に合格すると、学生は各々の専門分野における研究に進むことになる。専門分野試験では、二つのサブフィールドを選択し、2人の教員の指導のもと専門知識を習得することが求められている。専門領域における知識を習得したことが証明されると、Ph.D.プログラムのコースワークをすべて修了し、Ph.D.論文を仕上げる段階に入る。

大学の知的コミュニティ

　知的コミュニティを築くためには、第一に教員が大学に集うことが重要である。大学は都市部にあるため周辺の住宅の値段が高騰し、教員が家を購入することは難しくなった。しかし、大学が住宅補助金を教員に出すようになって、教員が大学の近くの家を買えるようになり、現在7割くらいの教員が大学の近くに住んでいる。

　第二に、学生もキャンパスに集うことができるように配慮されている。学生は3年目が終わるくらいにすべてのコースワークを修了し、キャンパスから離れる者も多くなる。Ph.D.プログラムでは、学生がキャンパスで研究に取り組むことができるよう、ティーチング・アシスタントやリサーチ・アシスタントなどの様々な形のリサーチの機会を提供している。

(8)　ノースウェスタン大学
社会学部長：ブルース・カールーサーズ教授（Prof. Bruce Carruthers）
　　　　　　　　　　　　　　　　　　　　　2005年3月17日（木）

教員の数
　20人

大学院入試
　ノースウェスタン大学社会学のPh.D.プログラムには毎年およそ230人の応

募がある。25人が入学を許可され、12-13人が実際に入学する。入試の選考は一人のシニア教員、若手の教員(2人)、大学院生(2人)の5人からなる委員会によって行われる。選別の基準は、1)GRE(統一大学院試験)、2)大学の成績、3)推薦書、4)応募目的、5)サンプル・ライティングである。このうちどれが最も重要ということはなく、すべての項目を総合的にみて評価がなされるという。従って、GREは比較的客観的な基準で、容易に選別する基準にもなるが、GREが低いからその他の基準を見ないということはないという。

スクリーニングは、第1段階で50人に絞られ、そして更に第2段階で25人に決定する。こうした25人ほどの学生はたいていカリフォルニア大学バークレー校、シカゴ大学、コロンビア大学、プリンストン大学、ハーバード大学などの社会学部にも応募しており、ノースウェスタン大学は優秀な学生を獲得するために、4月の始めに入学を許可された学生をキャンパスに招待し、教員と学生と会う機会を設けている。また、入学してくるすべての学生に、全額支給の奨学金が5年間用意されている。そのため、学生の間で不必要な競争はないし、大学院生は学問に集中することができる。

Ph. D. プログラム

ノースウェスタン大学社会学の長所は、アプローチの多様性である。定性アプローチ、計量アプローチ、比較歴史アプローチにおいて著名な教員がおり、多様な研究アプローチが尊重されているので、学生は入学してから自分に適したアプローチにおける訓練を受けることができる。ノースウェスタン大学の特徴は、計量アプローチのほかに、フィールド・メソッドを必修としている唯一の社会学部である。定性アプローチに強いのは、1950年代から長くノースウェスタン大学で教鞭をとったH. ベッカーの影響が強い。学生は人類学で用いられるエスノグラフィーのアプローチを用いて得られた情報から社会現象を読み解く訓練を受ける。こうしたことから、ノースウェスタン大学は文化社会学で知られている。

入学してくるすべての学生に5年間の奨学金が保障されている。学生は経済面を心配することなく、研究に集中することができる。こうすることで、

学部、教員、学生の間にとても良い関係を構築することができる。2年間でMAをとった後に、社会学が自分に適していないと判断した学生はPh.D.プログラムを辞めることもある。最終的にはおよそ4割の学生がPh.D.を取得する。学部はPh.D.を取得するのにかかる年数を10年と決めている。10年間を超えてPh.D.プログラムに残る場合は、2年間の延長を申請することができる。ノースウェスタン大学社会学では、Ph.D.に取得するのにかかる平均年数は8年である。これはトップ10大学の中では比較的早いほうである。カリフォルニア大学ロサンジェルス校では平均11年かかる。

カリキュラム

　1年目は他大学のPh.D.プログラム同様に理論、メソッド、統計学を履修することが必須である。ノースウェスタン大学社会学部の特徴として、フィールド・メソッドの履修が必須となっている。2年目以降は必須科目の縛りはゆるくなり、政治学、哲学部、ビジネススクールなどのクラスを履修することもできる。2年目の重要な課題は独自のテーマ設定してペーパーを書くことである。3年目以降は、Ph.D.論文のプロポーザルを作成し、Ph.D.論文の執筆に集中することになる。

　学生は論文執筆の他に、教員と学生によるワークショップに参加することになる。ワークショップは、教員と学生が共同で学部における知的コミュニティを構築することを目的としている。ワークショップの形式は、毎週異なるスピーカーが自らの研究について発表を行い、参加者との間に質疑応答が行われる。スピーカーは、外部からの研究者であったり、論文を執筆中の学生であったりする。その専門領域において優秀な研究者を大学に呼ぶことになり、学生に第一線の研究に接する機会を与えることになる。また、Ph.D.論文を執筆している間は、大学の知的コミュニティから疎遠になりがちである。こうしたワークショップで執筆中の論文を発表することで、学生は知的コミュニティと接することになる。ワークショップは社会学の専門領域ごとに組まれており、現在、都市、文化、不平等などのワークショップが存在する。各々のワークショップの内容は、教員の指導の下に参加者が話し

合って決定する。

　Ph.D.プログラムにおける大学内外の研究所の役割は非常に重要である。ノースウェスタン大学社会学部は複数の研究機関と共同研究を行っている。特に学部と関係が深い研究機関には、大学付属のInstitute for Policy Research、そして大学から独立したAmerican Bar Foundationがある。研究所の役割は、教員に研究に必要な費用を提供すると同時に、学生に研究の機会を提供することである。教員が研究所で行うプロジェクトには多数の学生が研究員として働いている。教員はこうした研究所に所属することで、大学での授業数を約半分に軽減されている。

(9)　社会科学リサーチ・カウンシル（Social Science Research Council）
　　理事長：クレイグ・カルフーン教授（Prof. Craig Calhoun, NYU）

2005年3月15日（火）

社会科学リサーチ・カウンシル（SSRC）の概要

　社会科学リサーチ・カウンシル（SSRC）は、日本やヨーロッパでは見られない、アメリカの学術研究に特有な組織である。SSRCはロックフェラー財団により設立された独立非政府組織であり、その目的は社会科学分野における学際的な研究を行う機会を作り出すことにある。SSRCはPh.D.論文を執筆するための奨学金も支給しているが、研究者間のネットワークを築くことが主な活動内容である。研究者の間のネットワークは、アメリカの学術研究の生産性と革新性を作り出すことに寄与してきた重要な要素である。外部の団体による支援によって、個別の大学の研究が相互に結びつき、結果的に優れた研究を生み出している。現在、SSRCの支援のもと、450人の研究者が個別・共同研究に従事している。

アメリカの高等教育

　ヨーロッパでも大学改革が進行中であるが、アメリカの大学をモデルとし

た画一的なシステムの構築を目指す傾向がみられる。しかしながら、アメリカの高等教育モデルをそのまま日本やヨーロッパに適用することは困難であろう。アメリカの学術研究を取り巻く環境は、日本やヨーロッパとは著しく異なる。例えば、アメリカでは一人の研究者が複数の大学間を移動して教鞭をとることは普通である。また、資金集めにしても、アメリカでは裕福な個人が寄付をする伝統と文化がある。寄付した人は税控除を受けることができるようになっている。つまり、アメリカには日本には未だない学術研究におけるマーケットが存在しているのである。

アメリカのPh. D. プログラム

アメリカのPh.D.養成システムはおそらく世界一であるが、学部教育のシステムは必ずしもアメリカモデルが優れているというわけではない。ここ数年のPh.D.プログラムにおける大きな変化は、大学院生に対する奨学金のあり方である。Ph.D.プログラムに入学する大学院生は全員が4-5年の奨学金のパッケージを受けることができる。カルフーン氏が1972年にコロンビア大学大学院に入ったときには、奨学金をもらっていた学生はたった3人であったが、現在は全ての学生が奨学金をもらえるようになった。現在のPh.D.プログラムは、少数の大学院生全員に奨学金を支給するという傾向になっている。その背景には、1970年代までに大学は多くのPh.D.を生産したが、そうしたPh.D.学位保持者を受け入れる大学のポジションの数はそれに比して増えなかった。そのため、Ph.D.の過剰供給という状況に陥った。1980年代にはPh.D.を持ったタクシー運転手まで出たという。そうしたことから、大学はPh.D.の数を減らすという方向に向かった。有名なアイビースクールでは、教授一人に対して大学院生は2.5人という割合になっている。その結果、大学院では少数の大学院生を受け入れ、すべての学生に奨学金を出すというようなシステムに変化した。

アカデミック・マーケット

日本では、指導教員と学生の関係にしても、就職にしても、パーソナル・ネッ

トワークが非常に重要になってくる。アメリカでは、指導教員と学生の間に師弟関係が存在するが、一人の教員が学生をコントロールすることはない。大学は学生が複数の教員から指導を受けることを奨励している。また、就職にしても、Ph.D.を修了してすぐに出身大学に就職するということは稀である。バークレーでPh.D.を取って、ハーバードで就職するという流動性はある。日本のように、アカデミック・マーケットがないところでは、応募者の能力のほかにも性格も重視したいために、知り合いの教員からの推薦が非常に重要になる。こうした点からも、ポスト・ドクターのシステムは古い制度を変えるうえで良いのではないだろうか。

　パブリケーションに関しては、日本もアメリカも誰もがすべての学術雑誌に自由に投稿することができる。*American Sociological Review*(ASR)はウィスコンシン大学に編集室があるが、審査にあたる人は外部の大学の人も入るので、審査は公平に行われる。しかし、本の出版に関しては、有名な教授からの推薦が重要となってくる。

テニュア制度

　カルフーン氏はテニュア制度をアメリカの大学が抱える問題だと考えている。テニュア制度は研究者に対して学問の自由を与えなければならないが、現実には若手研究者に厳しい状況を作り出している。普通の大学では6-7年経過すると、テニュアを与えるための審査がある。しかし、ハーバード、イェール、コロンビアでは、この審査すら行われず、テニュアを取ることは困難である。この3校では優秀な若い研究者が仕事に就けないという状況である。テニュア制度は研究の自立性を維持することが当初の目的であったが、現在のテニュア制度はその目的を果たしていない。制度上の問題は大学における年齢による差別である。その結果、多くの大学で、沢山の教授がピラミッドの上層におり、その下に少数の准教授や助教授が居るという逆三角形の就労構成になっている。

アメリカにおける社会学の位置

アメリカ社会における社会学の社会的インパクトはどのようなものであるか。韓国では社会学者が大統領のブレーンとして働いている。アメリカでは、日本と同様に、社会学者と政治家の関係はそれほど密接ではない。しかし、政府機関は計量的なデータの処理や解読のために社会学者を必要としており、社会学者は中層の官僚と密接な関係にある。州立大学が計量アプローチの社会学者を大量に生産し、それが州政府や連邦政府の職員として採用されるということも、そうしたコネクションの背景となっている。また、現在州立大学で計量アプローチが盛んであるのは歴史的経緯がある。1960年代に社会学では計量アプローチが台頭してきたが、こうした計量アプローチの研究者はハーバード、イェール、プリンストンにいると、古典的な社会学(理論や定性アプローチ)に凌駕されることを憂えて、中西部の州立大学に移った。シカゴ大学からも多くの計量アプローチの研究者が州立大学に移った。こうしたことから、ミシガン、ウィスコンシン、インディアナ、ノースキャロライナでは計量アプローチが強く、州政府や連邦政府とのつながりも強いのである。

3. 調査結果の分析

以上の二つの調査結果を、日本の大学・大学院改革を考える上で、重要と思われる八つの点、1)教員と学生数、2)Ph.D.プログラム、3)カリキュラム、4)ワークショップ、5)研究・教育モデル、6)関連研究所、7)奨学金、8)外部資金に焦点を絞って更に分析を深めた。その結果は以下の通りである。

(1) 教員と学生数

まず教員数は、名誉教授や客員やアフィリエイト等を除いた純然たる専任を数えて見ると、表7からも分かるように、例外的に多いノースウェスタン大学とニューヨーク大学を除いて私立の場合は20人台、大量の学部学生を抱

える州立大学の場合には30人台から60人までとなっている。また博士課程の学生の入学者は、ハーバード大学とニュースクール大学を例外として私立で7-8人から10人台の前半、州立では20人台になる。従って、教員と学生の比率は、私立で1対2程度、州立で1対3程度となる。

　教員の数は学部が独自に決定できるわけでなく、学部ごとに教員の上限が設定されているのが通常である。上限は大学院の長であるDeanによって決定される。毎年入学してくる学生の数は、教員と学生の比率も考慮されるが、もっとも重要な要因は奨学金の数である。研究大学に見られる傾向として、入学してくるすべてのPh.D.学生に対して4-5年の奨学金を用意するようになっている。そのため、学部が入学を許可する学生の数は、1970-80年代と比べると半減した。学生数を減らす一方ですべての学生に奨学金を保証することで、学生間での不必要な競争をなくし、学生が研究に専念できるような環境を作ろうというのが狙いである。

(2) Ph. D. プログラム

　アメリカの研究大学・大学院のPh.D.プログラムの構成要素は、授業、MAペーパー[14]、セミナー・ワークショップ、準備・候補・総合試験、プロポーザル、Ph.D.論文・ディフェンスの六つである。各大学は、この六つを総て整えるか、それを若干変形、工夫してプログラムとしている。カリフォルニア大学バークレー校、ミシガン、コロンビア、プリンストン、スタンフォード、カリフォルニア大学ロサンジェルス校、ノースウェスタン、インディアナ、コーネル、デューク、オハイオ州立大学は、その総てを課しているし、ノースカロライナも、プロフェッショナル・ペーパーとセミナーを形式的には課していないように見えるが、授業の中に指導教員と1対1でやる論文指導セミナーがあるし、MA論文に当たるリサーチ・ペーパーを書くようにもなっているので、六つの構成要素を総て満たしているといえよう。

　六つの構成要素を全て満たしている場合となにかが欠けている場合とを分ける最も重要なものは、プロフェッショナル・ペーパーの取り扱いである。さらに突き詰めて行けば、修士号、修士論文をどのように位置づけるかとい

うことである。

　ランキングの上位を争うようなアメリカの研究大学の大学院は、Ph.D.の希望者だけを受け入れ、MAで終えることを希望している学生を受け入れない。従ってMAはあくまでも準備段階、通過点にしか過ぎない。多くの大学では、学生ができるだけ早く博士段階に移行することを奨励する。その資格が有るかどうかは、準備試験、MA修了試験などによって判断する場合が多い。日本の大学院のように、長編の修士論文を執筆することを求めている大学は、33校の中で、唯一ブランダイス大学だけである。ブランダイスは日本の大学並みの100ページに及ぶMA論文を執筆することを義務付けている。その他の大学では、通常MA論文は、30枚程度の学術論文として位置づけられている。

　また、最近の傾向では、MA論文はプロフェッショナル・ペーパーの執筆や準備試験、MA修了試験などによって取って代わられつつある。取って代わられないまでも、論文を書くのとは別の選択肢が与えられていることが多い。ミネソタ大学では、MA論文の執筆の代えて、ショート・ペーパーを2本書くという選択肢も用意されている。デューク大学は、3年間の必修のプロセミナーを課すことによって、その中でもっと良くPh.D.論文の執筆の準備を整えさせることを狙っている。従ってMAだけで卒業するように決定した学生は、そのプロセミナーの2年目に設定されているプロフェッショナルなペーパーの書き方セミナーを受講し、プロフェッショナル・ペーパーを書き、それをもってMA論文として卒業してゆく。

　しかし、研究大学のPh.D.プログラムにおいてMA論文を執筆することの重要性は、決して軽視されているというわけではない。我々が行った33校を対象とした調査によれば、MAペーパーあるいはそれに代わるペーパーを執筆することを義務付けていないのは、ニュースクール大学だけである。

(3) カリキュラム

　カリキュラム、授業の各構成要素の検討に移ろう。表-7からも分かるように、アメリカの研究大学の大学院においては、必修科目がかなり細かに設定

されている。大半のPh.D.プログラムでは、最初の2年間に社会学の基礎を幅広く修得させるために、理論、メソッド、統計といったコアとなる必修科目を履修することがカリキュラムの焦点となっている。古典社会学と現代社会学の理論に精通することは、どの大学のカリキュラムにおいても必須となっている。しかし、社会学の取り扱うテーマにどのようにアプローチするかというメソッドに関しては、各大学によって重点配分が異なってくる。今日の一般的な傾向では、定量メソッドが多くの大学で重視されており、定性メソッドを凌駕している。定性メソッドを必修にしているカリフォルニア大学バークレー校、ハーバード大学、ノースウェスタン大学、プリンストン大学、ペンシルベニア大学、テキサス大学オースティン校、オハイオ州立大学、ブランダイス大学、ニュースクール大学、外国語を必修に指定しているシカゴ大学、プリンストン大学、ジョンズホプキンス大学、そして統計学を必修にしていないブランダイス大学とニュースクール大学は少数派である。これは、アメリカ社会学の到達段階と特徴を如実に反映していると見て良いだろう。

　およそ半数を超える大学院(カリフォルニア大学バークレー校、ウィスコンシン大学、ノースカロライナ大学、スタンフォード大学、カリフォルニア大学ロサンジェルス校、デューク大学、インディアナ大学、コロンビア大学、テキサス大学、ワシントン大学、オハイオ州立大学、イェール大学など)が、研究者の生活はどういうものか、奨学金の獲得方法などの諸点から始まって、研究と研究生活に関して必要不可欠なことを教え、議論するプロセミナーを必修にしていることは注目に値する。このセミナーには学部の多くの教員がコミットする。またカリフォルニア大学バークレー校は、新入生が全員参加する理論のセミナーを課している。これは、アメリカの大学院が新しい大学院生を、確立された学問・研究世界にできるだけ早く、組織的に通路づけようとしていることを表しているのではないか。すなわちこれは、学問・研究の世界への入門は、院生個々人が恣意的に行うものではないことを、かつまた大学院での院生の教育は、指導教員などが一人で行うものではなく、大学院全体で、集団で行うものであることを表しているのだろう。ウィスコンシン大学の方式はその典型であろう。そこでは入学1年目には特定の指導教員をおかない。大学院の教育に責任を持

つ教員が総ての新入生の相談にのる。そしてプロセミナーで、教員と院生が十分に知り合った後の2年目に初めて、個々の大学院生は指導教員を持つことができる。

　以上のこととも関連して、アメリカ大学院のカリキュラムでは、様々な形のセミナーが、学生ができるだけ効率的にPh.D.論文を書くのを援助する形で設けられている。その典型はデューク大学だろう。そこでは、1年目は入門、2年目は如何にプロフェッショナル・ペーパーを書くか、3年目はPh.D.論文プロポーザルを書くこと、を目的としてセミナーが提供されている。いずれも院生がその時々にクリアしなければならない課題に対応したセミナーである。その他の所でも、学生が果たさなければならない課題に沿って、セミナーや授業が提供されている。

　更に調査したアメリカの社会学の大学院においては、院生はその大学がカバーする専門分野のうち一つから三つの専門分野に通暁することを求められ、試験をパスすることによってそのことを証明しなければならないので、この関門をクリアするのに資する、様々なレベルの多様な専門科目がオファーされている。一つから三つのサブフィールドに習熟することを課すのは、多くのサブフィールドに分かれている社会学の分散傾向を阻止する上でも社会学内部のコミュニケーションを維持する上でも、有効なことであろう。試験の名称は大学により、総合試験(Comprehensive exam)、準備試験(Preliminary exam)、専門試験(Field exam)、候補試験(Qualifying exam)などと異なるが、その内容はサブフィールドに関する知識の習得レベルを試すものである。学生は試験をクリアするために、数百冊に上る文献に目を通さなければならない。試験のフォーマットは持ち込み不可で7-8時間かけて選択式の設問に筆記で答える形式が主流であるが、最近ではスタンフォードやプリンストンではサブフィールドに関する重要な研究を含む文献レビューを含むペーパーを書く形式が採用されるようになった。

(4) ワークショップ

　カリキュラムに直接的に表れてはいないものの、アメリカの大学院におけ

る研究・教育に密接に関わっているものとして重要なものは、シカゴ大学、ノースウェスタン大学、ウィスコンシン大学、ハーバード大学、プリンストン大学、コロンビア大学、ニューヨーク大学などで開かれているワークショップの存在である。ワークショップは、あえて比較するならば日本の大学のセミナーに近いが、必ずしも一人の教員が大学院生を自分の研究室に受け入れるという形のものではなく、複数の教員そして大学院生が、学部の枠を越えて関心テーマごとに集まるという性格のものである。更にアメリカの研究大学には、ワークショップと似た性格のもので、プログラムあるいはセミナーと呼ばれるものもあり、学部の枠を超えた研究発表と議論の機会を提供している。ノースカロライナやデュークでも教員と学生の共同研究が行われており、それなどもワークショップと変わらないのではなかろうか。

ワークショップは教員の専門領域や研究テーマを反映していることが多い。教員は同僚、大学院生と協議しながら、ある特定の研究テーマに関するワークショップを立ち上げる。するとそれに関心のある教員、大学院生が集まり、研究グループが形成される。ワークショップのメンバーは、そのミーティングにおいて自分の研究成果を発表する。大学院生も、自分の進行中の研究成果を発表し、コメントを得ることができる。その大学院の出身者も母校に帰った時に研究成果を発表する。また多くの他大学の研究者も招かれたりして研究を発表する。

ワークショップの組織構造としては、社会学部の下に直接おかれることもあれば、学部を横断する大学の研究センターに置かれることもある。前者の場合は、イェール大学のようにワークショップへの参加がPh.D.プログラムの単位として認められることが多い。後者の場合、コロンビア大学のように、ワークショップは、社会経済リサーチ・ポリシー研究所の下に置かれている。また、カリフォルニア大学サンタバーバラ校では、社会学部が認めるプログラムとして、グローバル・スタディーや女性研究といったプログラムが学部から独立して設置されており、学生は社会学のPh.D.の取得の過程でこうしたプログラムに参加することを奨励されている。

このワークショップは、その運営の仕方によって、様々な形態をとること

になる。実力も実績もある教員が強いリーダーシップを発揮すれば集権型・ヒエラルヒー型になるし、教員と大学院生の協同関係が強まれば共同研究型になる。いずれにしても大学院生達は、このワークショップの中で研究・教育の両面において大いに学び得るのである。

(5) 研究・教育モデル

この点に密接に関連して、我々のインタビューの中では、コロンビア大学のビアマン(Bearman)教授とノースカロライナ大学のアルドリッジ教授が興味深い発言をしている。

ビアマン教授は、アメリカにおける社会学のPh.D.プログラムには三つの類型があるという。一つは「著名な教授の強力なリーダーシップのもと、助教授や大学院生がチーム研究を行う」看板(ショップ)モデルである。二つは「教授と学生が一緒に研究をする」共同研究モデルである。そして三つは「優秀な学生が自由に好きな研究を行う」独立モデルである。またアルドリッジ教授は、教育のフレキシブル・プログラムと構造化プログラムの存在を指摘する。前者は学生がプログラムに入った後はかなりの自由が与えられるプログラムであり、後者は教授の指導の下に画一的に教育を行っていくものである。前者はヨーロッパ・プログラムとも呼ばれ、アメリカではカリフォルニア大学バークレー校やハーバード等で行われているものであり、後者はアメリカ・プログラムとも呼ばれ、ウィスコンシン、ミシガン、ノースカロライナ等で採用されている。

二人が指摘するプログラムの類型は、ワークショップの有無やワークショップの類型とイコールではない。それはワークショップを越えて、大学院の研究・教育の多くの分野と密接に関係していると言えるのではないか。

(6) 関連研究機関など

さてこれまで、アメリカの大学では各専門分野が一つの学部を形成し、研究・教育に関しては独立性を保っていることを強調してきた。しかしこれは、アメリカの大学の研究・教育が専門分野に閉塞してしまうことを意味しない。

アメリカの大学では、学生に主専攻の専門分野だけではなく、副専攻の専門分野を持つことが奨励されるし、インターディシプリナリーな新たな研究・教育分野は、学部間に特別プログラム、コース、ワークショップ等が設置され、それを取ることが奨励されるし、研究・教育が高度なレベルに達すれば、センターやインスティテュートで他分野の専門家達と協同して研究ができる。そのために研究大学では、多くの研究所、センター、プログラムなどが用意されている。

一例をあげよう。ノースウエスタン大学の一つの研究所では、アメリカ・バー・アソシエーションからお金が出されて犯罪の研究が行われているが、その研究所では犯罪社会学に関心のある社会学者、大学院生が法学を専攻する研究者、大学院生と共同して研究が進められており、社会学は犯罪に関する調査研究を主に担当している。また教員は研究所に所属してそこで講義を提供すれば、所属学部の講義を一つ減らすことが出来るようになっている。このようにアメリカでは、インターディシプリナリーな研究は複数の専門分野の研究者の共同研究によって推進される仕組みが整っている。当然、大学院生の教育もその仕組みを使って行われる。

(7) 奨学金

アメリカにおいて高等教育を受けるのにかかる費用は極めて高い。大学の授業の値上がりは特に著しく、過去20年の間に、物価のインフレーションは84%であったのに対して、私立大学そして州立大学の授業料の増加率はその3倍近い241%と238%であった[15]。授業料は私立で400万円程度、ルーム・アンド・ボード費を入れれば500万円にもなる[16]。州立大学でも州外からの学生は、授業料で250万円、ルーム・アンド・ボードを合わせれば350万円ほどかかる[17]。当然多くの学生は奨学金や教育ローンを得ようとするか、自分で働いて払わざるをえない[18]。しかしアメリカにおける奨学金の観念は、成績優秀だが教育費が払えない学生のためのものという観念を含むものの、あくまでも成績優秀でその成果が大学の価値を高める可能性をもっている学生をその大学に引きつけるためのものだということを忘れることはできない。

とりわけ大学院においては、そうである。

私立の研究大学の大学院では、少数の学生に入学を許可し、Ph.D.論文を取得するまで、様々な形で奨学金を支給し、支援する。授業料免除、ティーチング・アシスタント、リサーチ・アシスタント、Ph.D.論文のための調査費用、Ph.D.論文執筆費用、学会発表のための費用などがそれである。

州立大学の大学院では、比較的多くの大学院生を教育する使命を持っている関係から、全員に奨学金を与えることは難しい。しかし出来る限り色々な形で奨学金を出し、大学院生の研究成果が上がるように工夫が行われている。ティーチング・アシスタントやリサーチ・アシスタントはその典型的な例である。

我々の調査した33校はいずれも難関校である。たいていの学生は複数の大学のPh.D.プログラムに応募し、複数の大学院から入学のオファーを受けている。優秀な学生を獲得するために、多くの研究大学は、奨学金の支給を、優秀な学生をその大学に引きつける武器として活用する。また、日本にはない慣行ではあるが、多くの大学が入学を許可した学生に対しキャンパスを訪問する機会を与え、大学院に入った場合のメリットを訴える。入学後は、先述のように、多くの研究大学のPh.D.プログラムでは、学生が妥当な成果を生み出す限り、その研究を支えつづけるのである。こうしてみると、奨学金制度は、大学院制度の必要不可欠な部分であるばかりでなく、優秀な学生を引きつける武器とも考えられ、研究大学にはなくてはならないものである。

(8) 外部資金

アメリカのアカデミック文化が日本のそれと大きく異なるのは、学術研究を奨励・推進する原動力となったフィランソロピーの概念であろう。アメリカには様々な財団が巨額な研究資金を学術研究に寄付するという文化が社会に根付いている。こうした巨額な寄付に加えて、民間そして卒業生からの寄付が大学の研究そして運営を支えてきた。その結果、アイビーリーグ大学のエンダウメントは膨大な額に達している。2006年度の実績では、ハーバード大学289億ドル、イェール大学180億ドル、プリンストン大学130億ドルである[19]。

アメリカ研究大学の大学院の場合、アイビーリーグ大学やエリート州立大学のように、社会的評価が高かったり、外部からの資金を獲得することができたりする場合には、研究大学の本来の目的である研究の深化と研究者養成に集中することができる。しかしそうでない場合には、学部学生や修士課程の学生を多く教え、大学は収入を確保しなければならない。また、外部資金を導入するために、学部長は大変な努力をしなければならない。

以上のような調査結果は、200を越える社会学におけるPh.D.を授与する研究大学の大学院全体の動向を反映するものではない可能性を持っている。それを明らかにするためには、別の調査が必要になるであろう。しかしこの調査結果が全体の動向を良く反映したものである可能性も大いにある。何故ならば、アメリカの高等教育界においては、「ピラミッド・スキーム」と呼ばれる、自分たちの所から他のところへ研究と教員を送り出す大学院教育が重視され、大きな影響力をふるってきたのであり[20]、事情がゆるすかぎり、上位に位置する大学院の特徴は下位の大学院においても受け継がれてゆく可能性が高いからである。

表7: カリキュラム比較

| | 大学 | 教員数 | 入学者数 | 必修科目 | | | | | プロセミナー | MA論文[1] | 総合試験 |
				理論	メソッド	統計	定性	語学			
1	カリフォルニア大学バークレー校	27	18-22	○	○	○	○	×	○	○	2分野
1	ウィスコンシン大学マジソン校	60	23	○	○	○	×	×	○	○	2分野
3	シカゴ大学	23	15	○	○	○	?	○	×	○	2分野
3	ミシガン大学アナーバー校	35	20	○	○	○	△	×	×	○	2分野
5	スタンフォード大学	22	6-10	○	○	○	×	×	○	○	NA
6	ノースキャロライナ大学 チャペルヒル校	23	12-13	○	○	○	×	×	○	○	2分野
7	ハーバード大学	18	11-16	○	○	○	○	○	×	○	2分野
8	カリフォルニア大学ロサンジェルス校	48	NA	○	○	○	△	△	○	○	2分野
9	ノースウェスタン大学	30	13	○	○	○	○	○	○	○	1分野
10	プリンストン大学	22	8-12	○	○	○	○	○	○	○	3分野
11	インディアナ大学ブルーミントン校	29	12-15	○	○	○	△	×	○	○	2分野
11	アリゾナ大学	20	NA	○	○	○	×	×	○	○	2分野

第2章 調査結果の概要　149

13	ペンシルベニア大学	29	7	○	○	○	○	×	×	○	2分野
14	コロンビア大学	22	7	○	○	○	○	×	○	○	2分野
15	コーネル大学	21	NA	○	○	○	○	×	○	○	3分野[2]
16	デューク大学	22	8-9	○	○	○	△	×	○	○	2分野
17	テキサス大学オースティン校	43	NA	○	○	○	○	×	○	○	1分野
18	ワシントン大学	27	11-16	○	○	○	NA	×	○	○	2分野
19	ジョンズ・ホプキンス大学	13	NA	○	○	○	△	○	○	NA	NA
20	ペンシルベニア州立大学	39	NA	○	○	○	×	NA	×	○	1分野
21	オハイオ州立大学	34	NA	○	○	○	○	×	○	○	2分野
22	ニューヨーク大学	36	NA	○	○	○	○	×	○	○	2分野
22	ミネソタ大学ツインシティ校	35	10-12	○	○	○	△	×	×	△[3]	2分野
24	ニューヨーク州立大学アルバニー校	28	14	○	○	○	×	△[4]	×	○	2分野
24	カリフォルニア大学サンタバーバラ校	32	NA	○	○	○	△	×	×	○	1分野
24	メリーランド大学カレッジパーク校	30	NA	○	○	○	△	×	×	○	1分野
27	イェール大学	19	7-9	○	○	○	×	×	○	○	1分野
28	ブラウン大学	18	9	○	○	○	×	×	×	○	3分野
29	カリフォルニア大学デービス校	20	NA	○	○	○	△	×	○	×[5]	2分野
30	イリノイ大学アーバナシャンペーン校	22	7-10	○	○	○	△	×	○	○	1分野
31	アイオワ大学	17	NA	○	○	○	○	×	○	○[6]	2分野
32	ブランダイス大学	16	5	○	○	×	○	×	×	○	3分野
33	ニュースクール大学	11	25-30	○	○	×	○	○	×	×	2分野

○ 必修、△ 選択、× なし

1 MA論文という呼称ではなく、MAペーパーとかリサーチ・ペーパーという呼称を使う大学もある。共通点は、MA取得に学生はペーパーを執筆する必要があるという点である。
2 コーネル大学は、サブフィールドにおいて主専攻一つと副専攻二つを選択することになっているが、総合試験で筆記形式のものは主専攻に関するもので、二つの副専攻は口頭形式を取っている。
3 MA論文に代えて、ショート・ペーパーを2本と追加の授業一つというオプションを選択することができる。
4 リサーチ・ツールとして、学生は外国語あるいは特別メソッドの修得が必須となっている。
5 MAを取得するためにはペーパーを書く必要はないが、候補ペーパーと呼ばれるペーパーを3年目が終わるまでに提出することになっている。
6 MA取得して卒業する学生には、MA論文を書かないオプションもある。

【注】
1 すべての研究大学がGraduate School of Arts and Sciencesを置いているとは限らない。たとえばシカゴ大学の場合、人文科学そして社会科学はDivision of the Humanities そしてDivision of the Social Sciencesと独立したDivisionを構成している。
2 Ph.D.プログラムに入学する学生は、Ph.D.を取得する過程でMAの学位も取得するようになっているが、MAはあくまでも通過点に過ぎない。以下に記す33大学のPh.D.プログラムの大半が研究学位であるPh.D.の取得を目的としている。

3 詳細については第3章で扱うことにする。
4 ノースキャロライナ大学チャペルヒル校社会学部長H. アルドリッチ教授は、卒業生からの寄付を集めるためにワシントンに行くことが頻繁にあるという。同教授とのインタビュー(2005年3月10日)。
5 例えば、ウィスコンシン大学マジソン校の社会学部は、1960年代後半から70年代前半にH. ウィンズボロー教授(Hal Winsborough)らによる大学院との交渉を経て、学部の拡大＝教員数の増大に成功した。現在では、ウィスコンシン大学マジソン校の社会学部は全米で1－2位を争うトップスクールに成長した。ウィスコンシン大学マジソン校のPh.D.プログラム・ディレクター、ダグラス・メイナード教授とのインタビュー(2005年3月7日)。
6 多くの研究大学では、Ph.D.プログラムの学生は、教員の採用、学生のリクルート、カリキュラムの見直しのいずれにおいても発言権を持っている。
7 アカデミック・マーケットについては、第3章で詳述する。
8 大学によってはホームページ上で公開されていない項目情報もある。
9 評定平均(Grade Point Average)は、成績を数値化したものである。すべてAだと最高の4.0になる。3.3はB$^+$(3.5)とB(3.0)の中間に位置する。
10 ワシントン大学社会学部は、過去数年のPh.D.プログラムへの応募動向(応募者数、入学者数、留学生、GRE・GPAのスコアなど)を公開している。詳しくは、https://www.soc.washington.edu/academics/grad_program/documents/StatsThru2004.pdf を参照。
11 ワシントン大学はクォーター制をとっている。
12 オハイオ州立大学は、クォーター制を取っている。
13 過去の応募者総数、入学者のGRE・GPAのスコアなどの情報は、大学のホームページで公開されている。http://www.soc.umn.edu/grad/standards.html
14 MAペーパーの呼称は大学により異なる。プロフェッショナル・ペーパーとかリサーチ・ペーパーと呼ばれることもある。
15 ABC News, February 10, 2007, "For Some, Cost of College Moves Out of Reach," http://abcnews.go.com/WNT/PersonalFinance/story?id=2865814&page=1 過去5年間に州立大学の授業料が高騰している背景には、州政府からの補助金が激減していることが指摘されている。The College Board, *Trends in College Pricing*, Washington D.C., The College Board, 2006.
16 全国で最もお金のかかる大学は、ワシントンD.C.にあるジョージ・ワシントン大学で、2007年度の授業料とルーム・アンド・ボードを合わせた金額は、初めて$50,000(600万円弱)を超えた。*The Washington Post*, "GWU Raises Tuition to More Than $39,000," Saturday, February 10, 2007.
17 こうした高額な授業料を払うことができずに、入学は許可されても家庭の経済事情により、有名私立大学での教育の機会を断念せざるを得ないことも稀でない。*The New York Times*, January 19th, 2007, "National Briefing Education: Cost May Keep Students From First-Choice Colleges." アメリカの公共ラジオ局のNPRの報告によると、マサチューセッツ州の名門私立大学であるアムハースト大学(A. マルクス学長)では、階級格差による教育の不平等を軽減するために、大学が家庭の経済事情で学費を払えない学生に対して様々な財政支援の手段を提供している。アムハースト大学の64%の学生が何

かしらの奨学金を受けている。NPR, February 6, 2007, "Colleges Face Challenge of the Class Divide," http://www.npr.org/templates/story/story.php?storyId=7221483
18　2004－2005年のハーバード大学の授業料は、30,620ドル、ルーム・アンド・ボードが9,260ドル。カリフォルニア大学バークレー校は、授業料22,710ドル（州外の学生）、ルーム・アンド・ボードは11,629ドルだった。
19　エンダウメントの額については、次のCNNの記事を参照した。"Harvard leads billion-dollar endowment" http://money.cnn.com/2007/01/22/pf/college/richest_endowment_funds/index.htm?postversion=2007012211
20　Craig Calhoun, "Is The University In Crisis?" *Society*, May/June, 2006, p.9.

第3章 アメリカ研究大学・大学院の全体的傾向と特徴

　さて先にも書いたように以上のような我々の今回の調査結果を、アメリカにおける大学院全体の特徴として一般化することは無理であろう。それは、研究大学、研究大学院、しかもそのトップクラスのそれの教育状況を映し出したものと考えられるからである。そこで、本章ではアメリカにおける大学、大学院教育の現状、それがアメリカの高等教育全体において占める位置、更にはそれが抱える問題点など、それらを包括的に議論したGraham and Diamond(1997)[1]そしてC. カルフーン(Calhoun)の二つの論文(1999, 2006)[2]とC. カルフーン(アメリカリサーチ・カウンシル理事長)へのインタビューに基づいて、明らかにしておくことにしたい。

　第2次大戦後にアメリカの大学が世界レベルの研究成果を産出し、名実ともに世界トップレベルの研究機関に成長した要因を探ったH. グラハムとN. ダイアモンドは、その成功の要因として次の4点を指摘している[3]。すなわち、1)分権化、2)多様性、3)アカデミック・マーケット、そして4)競争である。こうした特徴はヨーロッパの大学のそれと対照をなしている。従って、ヨーロッパの大学をモデルとして設立された日本の大学とも対照的である。

　第一の要因は、アメリカ社会における教育・研究の発展は分権モデルを採用してきたことである。国家が作成した教育方針に基づいて国立大学を中心

とした高等教育が発達してきたヨーロッパと異なり、アメリカは州を単位とした分権型の教育システムとマーケットによる競争原理に基づいて教育力・研究力を発達させてきた。改めて言うまでもなく、アメリカの分権化された教育システムは国民国家形成の過程と密接に結びついている。権力の集中を避けたアメリカ合衆国憲法は連邦制を採用するとともに、教育政策を州政府に委ねた[4]。更に、アメリカ議会は初代大統領ワシントンから5代続けて提出された国立大学の設立の要求を却下し、国家による画一的な政策が州立大学に適用されるのを回避した。ジョージア州(1785年)、ノースキャロライナ州(1789年)、ヴァーモント州(1800年)、サウスキャロライナ州(1801年)、ヴァージニア州(1819年)に州立大学が設立された。更に、州立大学の設立は1862年のモーリル法(Morrill Act)の成立を受けて加速された。その法律は、連邦政府から土地を譲り受けて軍事、工学、農学を教える大学を設立することを州政府に認めたのである。1945年までには、641の公立大学を抱える48の州立大学システムが160万人の大学生を教育するようになった。

　第二の要因は多様性、すなわち多様な教育・研究機関がアメリカの高等教育の発展に貢献したということである。上で記した地方分権型の教育モデルは多元主義を醸成し、アメリカ社会におけるプライベート・セクターの劇的な発展を支えることになった。私立大学は量そして質ともに州立大学に勝るとも劣らない発展を遂げた。なかでも、後のアイビーリーグを構成することになる東部イギリス植民地時代に設立されたエリート私立大学の果たした役割は非常に重要であった。ハーバード大学(1636年)、イェール大学(1701年)、プリンストン大学(1746年)、コロンビア大学(1754年)、スタンフォード大学(1885年)、シカゴ大学(1890年)などは、ウィスコンシン大学、ミシガン大学、カリフォルニア大学などの州立大学と、学生、教員、そして研究費の確保のために競争をし、その競争が教育そして研究を高いレベルに引き上げる結果となった。

　第三そして第四の要因は、アカデミック・マーケットと競争原理の存在である。ヨーロッパの大学では、自らの大学出身の大学院生を教員として採用することが慣例で、他大学から採用することはまれであり、大学への忠誠心

と教員の継続性がより重視されてきた[5]。しかし、アメリカの場合、教員の採用は全国レベルのアカデミック・マーケットでの競争に基づいて行われるというのが一般的である。グラハムとダイアモンドは、アメリカの大学がヨーロッパの大学を研究水準において凌駕するようになった要因は、学生そして教員の採用の方法の違いにあること指摘している。第2章でみたように、大学における学部(Department)は専門分野ごとに構成されており、高い自立性、凝縮性、帰属性を維持している。そのため、教員の採用に際して、大学への忠誠心や教員の継続性よりも、専門分野で優れた研究成果を挙げていることが重視される。ここで注目すべき点は、教員の採用における重点を大学にではなく専門分野に引き上げることに貢献した全国レベルの学会組織の役割である[6]。専門分野ごとに組織された学会は、年次大会、学術雑誌、就職斡旋サービスなど通じて、アカデミック・マーケットの凝縮性を高める役割を果たしている。学会の年次大会では、最新の研究を発表するだけでなく、優れた研究者を必要とする大学と就職を希望する研究者の面接も同時に行われる。就職での選考には、どれだけの学術的成果を挙げているか、そして教育者としてのティーチング・スキルが選考の基準になる[7]。アメリカでは、専門分野での競争により研究を深化させるモデルが一般的であり、教員の関心は大学の枠を越えて同じ専門分野で研究に従事している同僚に向かったのである[8]。

　グラハムとダイアモンドの議論は、ヨーロッパの高等教育と比較することで、アメリカの高等教育の発展の特徴を浮き彫りにしている。グラハムとダイアモンドが指摘するように、アカデミック・マーケットが20世紀の前半までにアメリカの研究水準を世界トップレベルに引き上げたことは確かであろう。しかし、グラハムとダイアモンドの議論は、高等教育の発展モデルの理想型をアメリカモデルに求め、アカデミック・マーケットの成長をアメリカ社会に存在し、ヨーロッパ社会に欠けている特徴(地方分権化、多元主義、市場、競争)に起因することを強調するだけに留まっている。その結果、各々の要因と教育・研究の発展との間の因果関係は充分に検討されているとは言い難い。しかし、マーケットの拡大が、今日の専門分野の孤立化、大学をめぐる汚職、研究大学主導の序列化、リベラルアーツ教育の低下といった問題をも

引き起こしていることは事実であり、その事実には注意が向けられていない。先の四つの要因がいかなる教育・研究の歴史的展開を帰結したのか、この点の充全な検討は焦眉の課題に他ならない。

この焦眉の課題を果たそうとしたのは、C. カルフーンである。カルフーンは、オスロ大学で開催されたコンフェレンスに提出された論文「アメリカ高等教育の特徴」[9]において、ヨーロッパのそれとの対比において、とりわけ多様性とアカデミック・マーケットの問題に言及している。おそらく彼は、ソーシアル・リサーチ・カウンシルの議長として、説明を求められたのであろう。

カルフーンの論点はグラハムとダイアモンドの議論とほぼ一致しているが、アメリカ高等教育のマクロ・ミクロの特徴をより一層的確に捉えている。まずカルフーンは、アメリカ高等教育の全体的な特徴を三つ指摘している。第一は、アメリカの高等教育が極めて幅広い多様性を持っていることである。第二は、それと同時に、アメリカ高等教育は一つの包括的システムを形成しており、そのシステム全体を理解せずにその部分を恣意的に解釈したり、導入したりすることは出来ないということである。例えば、世界中で大学教員の生産性を上げる様々な工夫が導入され、教育の「アメリカ化」が進行しているが、アカデミック・マーケットの形成無くしては、様々な工夫の導入も、真に成功に至るとは考えにくいという。すなわちアカデミック・マーケットの形成こそアメリカ高等教育システムの要に他ならない。そして第三は、アメリカの高等教育が社会の変化との関連において、絶えず変動、転換のただ中にあるということである。カルフーンはこの三つの一般的な特徴の理解無くしては、アメリカ高等教育を真に理解したことにはならないと言いたいのだろう。カルフーンは、このような一般的特徴を踏まえて、以下のようなアメリカ高等教育の個別的な特徴を指摘している。

彼の指摘するアメリカ高等教育の特徴の第一は、アメリカ高等教育が実に様々な多様な制度によって担われているということである。すなわち高等教育は、(a)研究大学、(b)複数のキャンパスを持つ州立大学、(c)幅広い教養を習得させる学部教育、(d)リベラルアーツ・カレッジ、(e)工科大学、(f)キャ

リア志向大学、(g)コミュニティ・カレッジ、(h)短大、(i)企業運営大学、(j)その他、といった実に様々な教育機関によって担われているのである。

　エリート大学出身者は普通の大学の出身者よりも、更に普通の大学の卒業生は大学を出ていない人たちよりも、収入が高いという「地位の差異」があるとともに、アメリカの大学教育の目的にも大きな多様性が存在する。すなわち、良きアメリカ市民、紳士・淑女を養成する教養教育に重点をおく大学もあれば、反対に専門職業人になるための技術教育に徹する大学もあれば、その両者を統合しようとする大学もある。アメリカでは19世紀までは、教養教育に重点を置く大学が一般的であったが、20世紀になると、ヨーロッパでは考えられないような技術的、実践的な教育を目指す傾向が増大し、医学、歯学、工学、建築学、法学、ビジネス、ジャーナリズム、社会福祉、教育などが専門的な大学院を作るようになり、修士号やPh.D.を付与するようになった。その傾向は現在ますます増大しつづけている。しかし一方で、教養教育に重点をおいた大学が、技術教育を強める動向には従わず、教養教育重視のカレッジでありつづけるといった傾向も存在している。これもアメリカ大学教育の多様性を象徴する動向の一つであろう。

　第二の特徴は、その規模の大きさと多様性である。アメリカの若者の65パーセントが大学に進学する。19世紀末時点では国民の3％しか大学に進学しなかったのであるから、アメリカにおける高等教育の大衆化はめざましい。その大衆化は、とりわけ第二次世界大戦以降に起こった。大学への進学率が上昇した大きな理由は、州立大学は比較的安価な授業料で大学教育を社会に提供するようになったからである。マイノリティや移民も大学へ進学するようになった。それにともなって州立大学が大規模化した。現在、10,000人以上の学生を抱える大学の90％以上は州立大学であり、反対に学生数1,000人以下の大学の87％以上が私立大学である。

　第三の特徴は、アメリカの高等教育においては、民間資金が大きな役割を果たしているということである。大学は、非営利組織を作り、それを使ってあらゆる形での民間資金を導入しようとする。勿論、民間資金に依存する度合いは私立大学の方が大きいが、公立大学も、授業料、財団からの援助、同

窓会からの贈与、スポーツ収入、会社との研究契約など、多種多様な民間資金に依存している。場合によっては、州や政府からの公的資金よりもそれが多くなっている場合も少なくない。アメリカにおいては、私立の財団から大学に注入される資金は、国が設立した全国科学財団（National Science Foundation）の資金をはるかに凌駕している。このことからも、民間資金の重要性が分かるであろう。最近では、研究をビジネスとして経営する私企業も多く立ち上げられている。この傾向はますます増大して行くように思われる。

　カルフーンが指摘する第四の特徴は、アメリカの研究が、中央集権的ではなく、分権的に行われているということである。アメリカにおいては、とりわけ第二次世界大戦以降、大きな国家プロジェクトが創設され、一定の成功を収めたものの、研究者は分権的な研究を好み、研究システムとしては、再び各大学で研究する仕組みに戻っていった。これと密接に関係して、アメリカ高等教育の第五の特徴は、アメリカの高等教育が集権的ではなく、分権的に行われていることである。高等教育に関しては、連邦政府の関与は、必要最小限度にとどめられている。

　アメリカ高等教育の第六の特徴は、卒業生の愛校心が極めて高いことである。アメリカの公立高校は選抜制ではなく学区制を取っており、エリート校の形成にはつながらない。大学はみずからの威信の向上には並々ならぬ努力を払い、かつまた寮、スポーツなどを通じて大学のアイデンティティが涵養される。

　第七の特徴は、大学教員の移動率が極めて高いことである。大学教員の移動は、Ph.D.を取った学生の就職の時点から始まっている。例えば、ミシガン大学でPh. D.を取った研究者が卒業と同時にミシガン大学に就職することはなく、殆どの卒業生は他の大学へ就職する。通常、アシスタント・プロフェッサーとして就職して5−7年の間にテニュア取得のための審査を受けなければならない。このシステムは、知識の拡大、生産性、高い教育水準を実現している。先に見たようにアカデミック・マーケットの形成にも重要な役割を果たしている。ある意味では、この特徴がアメリカの高等教育システムの要に位置しているように思われる。

第八の特徴は、高等教育機関と地域とが密接に連関していることである。アメリカでは大学が地域社会の要求に対応しなければ、その存続が危ぶまれかねない。

　カルフーンがあげるアメリカ高等教育の第九の特徴は、それが社会変動のなかで絶えず変動していることを反映して、高等教育において問題とされるイシューが絶えず変化していることである。近年のイシューとしては、過去においてテニュアの取得が極めて困難になったために、テニュア問題と職の安全の問題、リベラルアーツよりも応用分野を専攻する学生が増加しつつあること、大学院教育において博士課程の教育が確立され、その入学定員が従来よりも制限され、学部と博士の中間にある修士の教育に問題が出てきていること、大学の国際化、多様化、専門領域と学際性との関連、新しい技術の導入、などが重要なイシューになっている。

　以上のようなカルフーンの議論は、アメリカ高等教育の現状報告という性格に規定されてか、高等教育に関する危機意識、批判意識が足りないという指摘も成り立ち得よう。しかし勿論、彼にそれが欠落しているのではない。とりわけ彼は、テンポの速い急激な社会変動の中で大学はそれにどう対応しようとしているのかという文脈において、大学のあり方を、危機意識を持って、極めて批判的に捉えている。彼のそのような姿勢が最も良く表れている論文の一つがここで検討されるべき彼の第二の論文「大学は危機にあるのだろうか」[10]であろう。

　カルフーンによれば、「大学の頽廃」[11]「大学の危機」は、1970年代後半以降、大学が資本主義によって作り変えられたそのスピードに大学の担い手達がついて行けないでいるところから派生してきている。アメリカの法人資本主義は、生産性の低下、日本との競争などに脅かされ、これまでも密接な関係を保ってきた大学との関係をよい一層構造的なものし、大学をビジネスの観点から、あるいは大学をビジネスとして運営する傾向を一段と強めてきた。とりわけ1980年にベイ＝ドール法が通過すると、大学リストラのスピードが一層強められた。この法律は、連邦の資金援助を得て行われたアカデミックな研究成果をより一層パテント化することを促進するものである。

さてカルフーンは、アメリカ高等教育の構造変動の以下のような三つの構成要素を重視している。

第一は、知的財産権から収入を得ることを認め、それを促進することである。

第二は、大学間ヒエラルヒーが一段と強化され、大学入学を巡る競争が激化したことである。すなわち大学に来る人即エリートという時代が去って、多くの人々が大学を目指すようになり、彼等はより良い大学を選択しなくてはならず、かつまたそれを目指さなければならなくなったことである。

第三は、連邦政府や州からの大学への公的資金の投入が減少し、富が私的機関の特権的な部門に集中するようになったことである。それにともなって奨学金も、優秀ながらも貧困である学生に与えるというよりも、ますますメリットに対して与えられるようになった。

以上のような議論を前提にして、カルフーンは構造変動のスピードだけではなくて、高等教育の構造変動のスケールにも着目することが重要であることを指摘する。すなわち彼は、制度や部門のサイズが劇的に変化していることに着目することを促す。より具体的には(1)大学の規模がより一層大きくなったこと、(2)大学のフルタイムの科学技術研究部門がより一層大きくなったこと、(3)高等教育部門がより一層大きくなったこと、(4)結果として、高等教育とエリート形成との関係が変化したこと、に注目することが重要であるという。何故ならば(1)(2)からは、大学がより一層高度な財政的な基盤を要求され、大学を運営することが極めて難しくなりつつあること[12]、また大学運営が人文社会科学系の教員の知的、研究教育上の問題とは大きくかけ離れたものになってしまったことが良く見通せるようになるからである。同様に(2)(3)からも、19世紀末までは当該人口の3％以下しか大学に進学しなかったが、現在はその65％以上が大学まで進学し、その3分の2が卒業する現実を踏まえて、大学教育とエリート形成との関係が根本的に変化したことが容易に見通すことができるであろう。

ところでカルフーンは、戦後一貫して高度成長を続けてきたアメリカ高等教育における支配的なスキームを「ピラミッド・スキーム」だと特定する。す

なわちそれは、高等教育界のトップに位置する研究・教育機関がその支配的なポジションを維持するために、研究成果と人材を他の機関に送り出すことを主要な特徴とする。そのために大学院の発展と大学院教育の充実が重要視されてきた。その結果、時代が進むにつれて学部教育が疎かにされたり、学生が社会に出てから直面する問題が軽視されたりする弊害が現れ始めた。カルフーンは1980年代以降の大学の高度成長の鈍化は、その弊害を白日の下に晒すことになったと判断している。

更にカルフーンは、高等教育の高度成長はもう一つの構造変動を結果したことを指摘する。それは、高等研究教育機関の中心には科学技術研究が座り、しかもそれが技術的な有用性や商業的な成功の基準を中心にして評価されるようになり、高等研究教育機関の中心問題が科学技術研究のファイナンスになってしまったことである。結果として大学は、科学や知識を公共財と考える従来の考え方[13]からそれらを私財と考える思考様式を採用するようになり、巨大株式会社と同じように大学の各部分の結合が弱くなり、極端な内部分化が進行したのである。

カルフーンに言わせれば、以上のような様々な構造変動の中身や帰結が「大学の危機」「大学の頽廃」と呼ばれるものの内実である。もっとも大学人たち、とりわけ研究・教育者達は大学の実態に関してあまり深い考察を巡らせているとは言えない、とカルフーンは指摘する。そこで問題解決の第一歩は、P. ブルデューや J. ハバーマスに倣って、大学に関する社会科学的分析を進めることである。

その提言に基づいて、カルフーンはアメリカ高等教育を巡る構造変動の全体像を捉える視点の一つとして「知識とお金の矛盾」という視点を提示する。その矛盾とは、アメリカにおいて大学教育にかかる費用は莫大でありますます高騰しているが、人々は教育のためにその費用を払っているのではなくて、それが与える社会資本、文化資本のためにお金を払っていること、また主要大学は教育よりも研究にお金を投資し、しかもそれは学生が高くなる授業料を払う意志を高めるためではなくて、政府や私企業からの寄付を獲得するためであることを指している。この矛盾が深まれば深まるほど、アメリカの高

等教育研究界は、高い授業料・高額の寄付獲得戦略を取れる大学、サービスに応じた授業料を取り、ビジネスやコンピューターなどキャリア形成に結びついた学位を提供する大学、公的な資金で支えられて中から低い威信を提供する大学、その他の大学、へと分化することになる。

以上のようなカルフーンの議論は、現在のアメリカの資本主義を「アカデミック資本主義」[14]と捉える議論と通底するものである。しかしカルフーンは、「大学の危機」や「大学の頽廃」と呼ばれる状況を目の前にしてペシミズムに沈んでいるのではない。その状況を科学的に分析・理解し、問題点が如何に生み出され、その性格が正しく理解されれば、必ずその問題点の克服が可能であると考える。彼の自信は、アメリカの歴史に、アメリカの科学に学んでいる結果であろう。カルフーンは以下のように主張していると見て良い。アメリカ社会学には、D. リースマン、D. ベル、T. パーソンズ、E. シルズなどによって担われた高等教育の社会学研究の伝統もある。それらを継承して、分析を深めることが先決である。現在の高等教育を巡る矛盾、問題状況は突然現れたのではない。この矛盾は高等教育の原点から既に存在していた問題であり、それが歴史的に深められてきたにすぎない。そのことが正しく理解されれば、科学的真理のために働く科学者のエートス、公共財として知識、教育の重要性は見失われることはない。

【注】
1 Hugh D. Graham and Nancy Diamond, *The Rise of American Research Universities: Elites and Challengers in the Postwar Era*, Baltimore, Johns Hopkins University Press, 1997.
2 Calhoun, Craig, "The Specificity of American Higher Education." Remarks to the conference, Universities in Modern Societies: Traditions, Problems, and Challenges, University of Oslo, Sept. 6-7, 1999. Craig Calhoun, "Is The University In Crisis?" *Society*, May/June, 2006, p.9
3 Graham, Hugh Davis and Nancy Diamond, The Rise of American Research Universities: Elites and Challengers in the Postwar Era. Baltimore: Johns Hopkins University, 1997.
4 連邦政府レベルで、教育省(Department of Education)が設立されたのは1980年のことである。www.ed.gov/about
5 この慣例は、ヨーロッパの大学の「アメリカ化」の影響により、今日では大きく変化している(カルフーン氏とのインタビュー、2005年3月15日)。
6 例えば、アメリカ社会学会は1905年に設立されている。

7 大学院レベルの教育に関心のある教員はリベラルアーツ・カレッジではなく研究大学への就職を希望するのが通例である。
8 グラハムとダイアモンドは、アカデミック・マーケットの否定的な側面として、大学への忠誠心を低下させたことを指摘している。
9 Calhoun, Craig, "The Specificity of American Higher Education." Remarks to the conference, Universities in Modern Societies: Traditions, Problems, and Challenges, University of Oslo, Sept. 6-7, 1999.
10 Craig Calhoun, "Is The University In Crisis?" *Society*, May/June, 2006.
11 Jennifer Washburn, *University Inc.: The Corporate Corruption of Higher Education*, New York, Basic Books, 2005.
12 1980年代以降、大学はビジネススクール出身者の重要な就職先になっている。
13 Robert. K. Merton, *The Sociology of Science: Theoretical and Empirical Investigations*. Edited by Norman Storer Chicago: University of Chicago Press, 1973.
14 Sheila Slaughter and Larry L. Leslie, *Academic Capitalism: Politics, Policies, and the Entrepreneurial University*, Baltimore, The Johns Hopkins University Press, 1997.

第4章　アメリカ研究大学・大学院の歴史的形成

　アメリカの研究大学・大学院が以上のような構成を取るようになった歴史的経緯は如何なるものだったのだろうか。以下ではその概略を明らかにするとともに、ヨーロッパの研究体制との違いを解明し、アメリカ研究大学・大学院とその学問の特徴をより一層明確なものにしておくことにしよう。
　これまでにも多くの研究者が明らかにしてきたように(例えば、Bryan Turner)[1]、「精神のアカデミックなトレーニングないしは規律化・訓練化によって維持される、諸現象に対する一つの組織的なパースペクティブ」という意味での専門分野(discipline)は、学問内部における自然で必然的な分業の結果として得られたものではなく、「人工的な構築物」に他ならない。B. ターナーがピエール・ブルデュー(Pierre Bourdieu)に依拠して言うように、その構築には、アカデミー内部の権力関係、社会構造が大きく作用するし、またアカデミー外部の社会構造も重大な作用をもたらすことになる[2]。専門分野は、学問内部の自然な分業の結果ではなくて、学問的、知的な闘争、アカデミックな実践のフィールド内部における報酬を巡る権力闘争、学問に対する社会的な要請等々の作用因によって構成、再構成される。
　構成された専門分野のうち、関係する専門分野群を集めて学部(faculty)が作られ、それは大別してアーツ(arts)と科学(sciences)に分けられる。こうし

た事態を反映して、大学はschool or faculty of arts and sciencesを基本として設け、その上にgraduate school or faculty of arts and sciencesを作るのを基本構造としてきた。研究分野とは異なる専門職養成のための大学院は、それとは相対的に独立した形でBusiness School, Law Schoolなどとして作られるのが普通である。

　ところで、人文社会科学系の学問において研究分野の分化が目立ちはじめるのは、19世紀も後半に入ってからのことである。そして研究分野の分化の度合い、分化の過程などは、それぞれの国民社会において異なる特徴を持っており、アメリカのそれはヨーロッパのそれに比して、研究分野の分化の度合いが著しいという特徴をもっていると指摘されている。すなわち、ヨーロッパにおいては、歴史学、政治学、経済学、地理学などが「否応なく全て」[3]教えられてそれぞれの研究分野の領域の相対的独自性、自立性の主張・確保が比較的遅れたのに対して、アメリカにおいては、19世紀の後半から20世紀初頭にかけていち早く、それぞれの研究分野の確立・維持・拡大が行われるようになったのである。

　アメリカにおいて社会科学の各研究分野がどのような経過を辿って顕れ、分化し、確立されていったのか、その過程を社会学を中心にして以下において簡単に辿っておくことにしよう。

　アメリカにおける社会科学の研究分野の歴史に関する代表的な論文の一つであるP. マニカスの論文によれば[4]、アメリカにおける研究分野は以下のような四つの素材群から構成された。第一の基礎的な事実は、アメリカが南北戦争以降、爆発的な資本主義的な発展を経験したということである。その発展から様々な新しい社会問題が登場してきた。解かれなければならない多くの社会問題が山積されたのである。

　第二は、アメリカは著しく弱い国家、連邦主義、脆弱な国家官僚制(中央政府を周辺化してしまう)、政治に重きを置かない政治文化をもった中間階級などによって特徴づけられたということである。その結果政治の担い手は大企業・金融会社のリーダー達であり、彼らが中心となって法人中心のリベラルな政治秩序を作り、その中にあらゆる階級の「思慮深き人」[5]を統合していった。

第三は、新たに登場してきた「教育経営者」[6]が「思慮深き人」と協力して、アメリカの高等教育を構造的に変革したことである。その結果、東海岸の伝統的な大学は現代化に取り組み、更に、コーネル、ジョンズホプキンス、シカゴ、スタンフォードなどを含む多くの新しい大学が創設された。すなわち、高等教育の担い手は聖職者からビジネスマンに移り、彼らは大富豪の財を使って新しい大学を創設した。その動きは、伝統的な大学への挑戦となり、伝統校も「教育経営者」によって新しい秩序に適合するように現代化されていったのである。

第四は、アメリカにおける社会科学の直接的な担い手が利用することが出来た概念群である。マニカスは、その概念群として(1)極めてドイツ的な、歴史的・全体論的な社会概念(G. シュモラー、W. ディルタイ、G. ジンメル、M. ウェーバー)、(2) H. スペンサーやイギリス政治経済学に依拠する個人主義的、自然主義的、進化論的な観念、(3)「古い」自由放任的政治経済学の楽観論の系譜に連なる諸観念、(4)反形而上学的経験主義の科学哲学、を挙げている[7]。

マニカスの指摘した概念群のうち、とりわけここで注目しておかなければならないものは、(1)極めてドイツ的な、歴史的・全体論的な社会概念である。マニカスその他の研究者[8]が明らかにしたように、アメリカ社会科学の第一世代の著名な研究者の多くはドイツに留学し、その概念を持ち帰った。がしかし、その概念はアメリカの土壌に根付くことはなかった。定説としては、政治的、制度的なプレッシャーがかかり、その概念を持ち帰った社会科学者達がそれらを克服することができず、結果として現れたものは、ドイツとアメリカ両者の綜合としての、「アメリカのプラグマティックな社会科学」[9]であったと理解されている。

しかしマニカスは、この定説は受け入れがたいと指摘する。A. スモールは現実と妥協してしまったし、J. デューイは無視されるか、影響力を持ったところでは誤解されてしまった[10]。むしろ影響力が大きかったのは、(2) (3) (4)である。H. スペンサーやイギリス政治経済学に依拠する個人主義的、自然主義的、進化論的な観念は、G. サムナーや F. H. ギディングスと結びついて大きな影響力を振るった。とりわけ重要だったのは、「古い」自由放任的政

治経済学の楽観論的変種であり、それとの関係において政治学が成立し、その観念の周辺に社会学が成立したのである。

19世紀後半から影響力を増した反形而上学的経験主義の科学哲学も重要だろう。この哲学は、19世紀後半における自然科学の発展に触発されたものと考えられるが、考え方としては決して新しいものではない。新しい点は「自然科学の産業化」、プラクティカルな応用が推進され、その担い手達が権威を持つようになったことである。すると、経験によってコントロール出来ない形而上学的な仮説、前提は完全に拒否され、その経験主義的な哲学の前提とその科学のみが権力と結びついて支配的になって行き、有用性を発揮して益々権威を獲得し、科学はシステムの免罪符の科学になっていったのである[11]。

それではより具体的に、アメリカにおいて社会科学が台頭し、それが社会的に受け入れられ、定着して行く動態は、如何なるものであったのか。それを、これまたマニカスに基づいて[12]、その制度的な文脈を重視して記述しておくことにしよう。

1865年、イギリス社会科学推進協会(British Association for the Promotion of Social Science)にならって、アメリカ社会科学協会(American Social Science Association)が設立された。この協会のリーダーシップの大部分は「エリート教育労働者」によって握られ、産業界、政府や政治分野のリーダーが参加することはそれほど多くなかった。この協会は、資本主義の発展の結果として現れた社会問題の解決を目標に掲げたが、社会問題を「道徳的問題」と捉え、問題の本質を見誤った上に、社会問題を解決しようとも、十分な専門的な知識や方法を欠いていた。そこでエリート教育労働者のリーダー達は、大学において社会科学の専門化を推進し(強力な研究者を学科長とする自立的な、専門的な学部・学科—department—の形成)、ドイツが自然科学の産業化を推し進めることによって近代化に成功していった事例にならって、社会問題の解決に学問界、産業経済界、政治行政界が一体になってあたる「社会科学の産業化」[13]を志向するようになっていった。

この志向は、アメリカ社会科学協会ではなくて、1900年に創設された全

国市民連盟(National Civic Federation)において現実のものになった。この組織には、学問界だけではなく、産業経済界、政治行政界、労働界の主要なリーダーが参加し、社会問題解決のための国民的な頭脳集団の形成を目指した。彼らは、左右両翼の極端主義(共産主義、社会主義、アナーキズム、右翼)を排除しながら、大量の移民を抱えてますます深刻化しつつあった都市問題の解決をめざし、さらにはアメリカの帝国化に対応した形で、帝国化を推進する人材の供給を行っていった。

ところで、以上のような制度的文脈を踏まえて、我々が当面明らかにするべき内容面における社会科学の専門化、研究分野の分化の過程は、どのようなものであっただろうか。ここでもマニカスの議論に依拠して[14]、その過程を書き留めておくことにしたい。

アメリカにおける社会科学の専門化、研究分野の分化・確立は、19世紀最後の20年間をかけて行われた。その発端は、コロンビア大学やジョンズホプキンス大学の大学院に社会科学の特別プログラムが設置されたことに始まった。しかしそのプログラムには、歴史、政治学、経済学、地理学などが置かれ、アメリカ社会科学者の第一世代は、それらをすべて包括的に教育され、特化した専門分野を持つというよりは、様々なトピックスを自由に研究した。

政治経済学(A. マーシャルの『経済学原理』以降は単に経済学)は、自由放任的なイギリス経済学とピューリタニズムとを融合したものが、道徳哲学の一部分として教えられていた。その経済学は、ドイツで教育を受けドイツ歴史主義経済学を持ち帰って経済学者から、演繹主義的で抽象的であるとの批判を受けた。批判者の中には、G. シュモラーのドイツ社会政策学会のような組織を立ち上げようとする動きも現れた。しかし大学の主要ポストを占めていた主流派ならびに多くの経済学者は、批判の中に社会主義の要素を嗅ぎ取り、論争の時期がたまたまヘイマーケット事件をはじめとした未曾有の労働攻勢の時期と重なったために、急速であるが「秩序ある発展」を主張して逆攻勢に転じた。それ以降主流をなす限界効用学説(J. B. Clark)も、この秩序ある発展に中身を提供しようと努力した。そして批判派も、秩序ある発展を受け入れざるを得なかった。かくして専門的な研究分野としての経済学は、限界効用学

説を中心とした演繹的な経済学として確立され、その他のものは残余として、経済学の外側に投げ出され、それらは制度学派経済学と社会学と呼ばれるようになった。

それでは我々の研究の直接的な対象である社会学の専門化、専門的な研究分野の確立はどのような過程を辿ったのか。それをマニカスとともに[15]、辿っておくことにしよう。

マニカスによれば、経済学の性格に関する論争の副産物は、世界で最初のシカゴ大学における社会学科の創設であった。シカゴ大学は、新しいもの、すなわち、社会諸科学のそれぞれの専門的な研究分野を学科として創設した。それらは、政治経済学(Th. ヴェブレン)、歴史学、哲学(デューイ)、社会学(A. スモール、W.I. トーマス、G. ヴィンセント)、政治学(C. E. メリアム)であった。

当時のアメリカ社会学には、レスター・ウオードを通じてもたらされたA. コントの流れ、G. サムナーとF. H. ギディングスによってもたらされたH. スペンサーの流れ、それにA. スモールらを代表者とするドイツ社会学の流れが存在した。そのうちドイツ社会学の伝統がスモールを通して主流を形成するに至った。すなわちスモールは、シカゴの社会学科長を務めるとともに、1921年までは唯一の専門社会学雑誌であった『アメリカ社会学雑誌』の編集を担当し、教科書を書き、かつまたアメリカ経済学会から分離する形でアメリカ社会学会の組織者の一人となっていった。

スモールは、彼の主著の一つである*Adam Smith and Modern Sociology: A Study in the Methodology of the Social Sciences* において、「現代社会学は、アダム・スミスの道徳哲学に潜在的に含まれていた社会分析と解釈のより大きなプログラムを拾い上げようとする試みである」と主張した。

しかしこのようなスモールの社会学概念には重大な問題があることはあきらかであろう。すなわち、もしも社会過程が同時に作用する多くの要因の結果だとするならば、結果として個々のどの要因も社会現象の理解には無関係になってしまい、社会学があらゆる他のものを従える帝国主義的な探究というものになってしまいかねないからである。

そこで社会学は、それの陥りがちな「アマチュア的な野望」の「罪」から脱し

て専門的な研究分野を確立する課題を抱えた。様々な努力の結果、専門的な社会学は、次のような限定を手に入れることになった。第一に専門的な社会学は方法であった。それは、専門的な社会調査、社会の量的、質的な記述である。第二に社会学は、あらゆる種類の社会集団を研究対象とした。それによって、学問分野の分業における社会学の位置が明確になり、社会学が重要な批判的役割を果たすことができるようになった。またそうすることによって、政治学や経済学の方法論的個人主義とも矛盾することがなくなったことも重要視されてよい。第三に社会学は、「カテゴリーの発見と分析」という特別な「理論的」構成要素に特化された。そして最後に社会学は、集団状況を解釈し統制する道具になった。すなわち社会学はその実践的、政策的な課題を意識するようになったのである。

　こうしてシカゴ社会学は、1920年代頃までに「科学性」を獲得した。また社会学は1930年代には、経験社会学として、大統領のために大規模な社会トレンド報告を作成し、成熟科学として国民的にも一定の位置を占めるまでになったのである。

　以上のようなマニカスの考察を補強する形で、後二つの考察を付け加えておきたい。一つは、社会学が形成・確立される過程を広い視野から考察したエドワード・シルズ（Edward Shills）の考察であり、もう一つは「アメリカ社会学の制度化」を直接論じたアンソニー・オバーシャル（Anthony Oberschall）の考察である。

　シルズによれば[16]、社会学の端緒を形成する社会学的関心、社会学的考察、社会学的志向は、大学やアカデミーが形成されるずっと以前から、お互いに関連づけられないまま分散的に存在していた。しかし他とは区別される相対的に独自の原理、志向、思考様式、様相、理論をもった一つの首尾一貫したサブジェクトとしての専門分野、社会学が確立されるためには、どうしても大学、アカデミーが必要であった。すなわち分散して存在したそれらの知識は、大学、アカデミーの内部に導入され、相互に関連づけられ精緻化されることが必要不可欠だったのである。

　もっとも大学、アカデミーに内部化された社会学的知識が即座にその成員

によって承認された訳ではない。それは既に確立された専門分野によって拒絶された。社会学の確立が最初に歩を進めたドイツの大学では、拒絶された社会学は、拒絶された諸知識の緩やかな集合体にとどまり、社会学的知識の「定義と分類」に終始した。その状態はかなり長く続き、ドイツが第二次世界大戦の敗戦から復興し立ち直るまで続いたと考えられる。

　専門分野としての社会学の確立の課題は、ドイツ社会学を移植したアメリカの大学とその研究者によって担われることになった。アメリカにおいても社会学を専門分野として認めないという拒絶が執拗に続いた。しかし社会学は、「ついに経験的調査にその天職を見いだした」。アメリカでは、大都市に大量の移民が流れ込み、都市問題や非行・犯罪が引き起こされた。また1920年代になると、黒人が南部から北部へと移動し始め、人種問題が多発するようになった。そうした問題に人道主義的な社会福祉家が関心を持ち、社会学者もそれに同調する形で、それらの問題に関する発見に努めたからである。こうした動きには、執拗に社会学を拒否してきた人々も反対できなかった。彼等もそうした新たな問題を知り、解決の筋道を提示することが出来ずそれを模索していたからである。

　以上のような新しい社会問題の圧力と経験的調査の力とによって、社会学は専門分野としての確立へと大きな一歩を踏み出したが、社会学の確立が完全に完成した訳ではない。何故ならば、社会学のアイデンティティを確立する理論が依然として未完成であったからである。アメリカ社会学の理論は、プラグマティズムの基盤に上に、「精神分析と学習の行動主義理論」から出発するという「誤った出発」[17]をしてしまったが故に、「地中に埋没してしまうか、空中に雲散霧消してしまうか」して、確かな成果を上げ得なかった。社会学の理論が確立されるのは、プラグマティズムとその「誤った出発」を意識的に拒否して、古典社会学の多くの潮流の収斂点に立つタルコット・パーソンズ(Talcott Parsons)のそれを待たなければならなかったのである。

　我々が、アメリカにおいて社会学が一つの専門分野として確立されたその過程やその意味をより深く理解するために、もう一つ触れておかなければならない論文は、アンソニー・オバーシャルの「アメリカ社会学の制度化」であ

る[18]。

　この論文におけるオバーシャルの出発点は、「社会学の制度化」過程の国際比較である。アメリカには社会学のオリジナルなアイデアが有ったわけではない。むしろアメリカの社会学はドイツ社会学の焼き直しであった。産業化、都市化によってもたらされた社会問題は、アメリカだけではなく、ヨーロッパでも噴出していた。それにも関わらず、何故アメリカにおいてまず始めに「社会学の制度化」が行われたのか。この問いに答えるべく、彼はヨーロッパになくてアメリカにはあったものを探した。その結果彼は、アメリカにおいて高等教育が急激に拡大されたこと、更に社会学に関心を持ち、社会の再構成に賛成する集団が存在し、その集団が社会学を支援したことを発見した。

　世紀の転換点以降、アメリカでは高等教育が急激に拡大された。この高等教育の成長は、これまでに無かった豊かな資源を巡ってアメリカの高等教育システムをイノベーションに開かれた競争的なシステムへと変化させた。それは新しい学問としての社会学に有利に作用した。さらに新しく登場してきた社会問題に経験的調査をもって立ち向かった社会学に、プロテスタントの牧師、社会改良家など、フィランソロピー、慈善、社会保障、社会福祉などの領域の集団や組織が関心を持ち、支援した。彼等は、アカデミズムに拠点が欲しかったのであり、自分たちがやっていることの科学的な正当化を手にしたかったのである。ヨーロッパでは社会学は、そうした人々や組織労働からの支援を持たず、政治的には攪乱要因と考えられていた。それに対してアメリカでは社会学は尊敬に値する中間層の支持を受けたのだった。結果として社会学は、既成の専門分野から排除されて大学のマージナルなところに位置していた従来の研究者に加えて、開かれた新しい機会を掴もうとする新しい人材を獲得し、大学において十分な量として展開する力をもったのである。

　以上のようなオバーシャルの研究は、新しい専門分野の確立には、その科学的内容だけではなく、高等教育システムの構造、それを取り巻く社会構造などが大きく作用することを明らかにしている。いやアメリカにおける社会学の専門分野の確立においては、科学的な内容以上に後者の方が重要だったとさえ言いうる。すなわち、アメリカにおいて社会学は、科学的内容が整う

以前に、大学において専門分野として確立されたのである。

　最後に以上のような展開以降の社会科学の歴史をごく簡単に確認しておくことにしよう。1930年代頃までの主要大学においては、社会学を含めて社会科学の専門的な研究分野が学科として存在するようになり、社会科学の専門化、社会科学の分化、研究分野の確立が一応の完成をみた。また社会学者がリーダーシップを取り、大統領の諮問を受ける形で、The Recent Social Trendと名付けられた報告書を提出し、政治的、社会的にも認められるようになった。30年代後半から40年代にかけて、ヨーロッパのファシズム化に伴い、多くの知識人がアメリカに亡命し、アメリカは亡命者の大学などを作り、彼らを積極的に受け入れた結果、アメリカの社会科学の水準は飛躍的に向上し、アメリカは文化的な植民地状態を脱することに成功した。戦後アメリカは、GIビルなどを作り、高等教育機関の整備・拡大に努め、アメリカ国民の教育に力を入れた。その動きは1960年代に一段落するが、1960年代はそれまで進めてきた社会科学、自然科学の産業化を総括し、新たに社会科学、自然科学の情報化の出発点を画することになった。諸科学の情報化の動きは、70年代以降、国民の間に学歴の更なる高度化をもたらし、それに対応して大学院の飛躍的発展・拡大をもたらしていった。そして21世紀に入ると、量的拡充は一段落し、高等教育の質的向上と、新たな未来を見つめるもう一つの展開期にさしかかっているように思われる。

【注】
1　Brian Turner, *Classical Sociology*, London, Sage, 1999, p.276.
2　Pierre Boudieu, Homo Academics, Paris, Editions de Minut, 1984.（石崎晴己・東松秀雄訳『ホモ・アカデミクス』藤原書店、1997年）
3　Peter T. Manicas, "The Social Science Disciplines: The American Model" Peter Wagner, Bjorn Wittrock and Richard Whitley eds., *Discourse on Society: The Shaping of the Social Science Disciplines*, Dordrecht, Kluwer Academic Publishers, 1991. p.59.
4　Peter T. Manicas, *Ibid.*, pp.45-72.
5　Peter T. Manicas, *Ibid.*, p.47. マニカスはこのことを以下の文献から学んでいる。Gabriel Kolko, *The Triumph of Conservatism*, Chicago, Quadrangle, 1967. James Weinstein, *The Corporate Ideal in the Liberal State*, 1900-1918. Boston, Beacon Press, 1968.
6　Peter T. Manicas, *Ibid.*, p.47.

第4章　アメリカ研究大学・大学院の歴史的形成　175

7　Peter T. Manicas, *Ibid.*, pp.48-50.
8　Jurgen Herbst, *The German Historical School in American Scholarship*, Ithaca, Cornell University Press, 1965.
9　Peter T. Manicas, *Ibid.*, p.49.
10　Peter T. Manicas, *Ibid.*, p.49.
11　マニカスは、こうした理解をTh. ヴェブレンから得ている。Peter T. Manicas, *Ibid.*, pp.50-51. Th. Veblen, "The Place of Science in Modern Civilization" in *The Place of Science in Modern Civilization and Other Essays*, New York, Russell and Russell, 1961.
12　Peter T. Manicas, *Ibid.*, pp.51-58.
13　Peter T. Manicas, *Ibid.*, p.57.
14　Peter T. Manicas, *Ibid.*, pp.58-62.
15　Manicas, *Ibid.*, pp.63-66.
16　Edward Shils, *The Calling of Sociology and Other Essays on the Pursuit of Learning*, Chicago, The University of Chicago Press, 1980, pp.3-11.
17　Edward Shils, *Ibid.*, p.5.
18　Anthony Oberschall, "The Institutionalization of American Sociology" in Anthony Oberschall ed., *The Establishment of Empirical Sociology: Studies in Continuitty, Discontinuity and Institutionalization*, New York, Harper and Row, 1972, pp.187-251.

第5章　古典社会学とアメリカ社会学

　以上のように、どの国よりも早く、一つの専門的な研究分野として確立されたアメリカ社会学は、内容的には如何なる特徴を有しているのだろうか。この問いに対して、B. ターナー(Bryan Turner)は、ヨーロッパの社会学は古典社会学で、アメリカの社会学は、反古典主義の社会学であるとの回答を提示している[1]。

　ターナーの言う古典社会学は、社会的なものの研究、方法論的個人主義の拒否、「資本主義的経済における経済的個人主義が展開した腐食的な衝撃に対する批判理論」[2]を基本的内容とした、マルクス主義をも踏まえた理論主義的、構造主義的、批判的な社会理論である。また反古典主義の社会学とは、アメリカのように、社会学が制度化され、強力な専門組織があるために古典に頼る必要がなく、経験主義、プラグマティズム、社会心理学をその内実とする社会学のことである。

　古典社会学—反古典主義のアメリカ社会学という対比は、アメリカにも古典社会学に分類できる社会学は存在し、逆にヨーロッパにも反古典主義の社会学は多数存在するのだから、あまり硬直的に強調することはできないだろう。しかし議論の出発点としては、十分検討に値する興味深い議論である。

　ターナーも主張しているように、アメリカの社会学を、反古典主義の社会

学にしているのにも、逆にアメリカに古典社会学を根付かせなくしているのにも、プラグマティズムが大きく作用している。この点を手がかりに、アメリカ社会学の特徴をより明確にすると同時に、ターナーの議論の問題点にも触れておくことにしたい。

　プラグマティズムと人文社会科学との関係に関する研究は、これまでにも数多く行われてきた。しかしこの問題に関する成果は、収斂的な傾向を見せるどころか、むしろ拡散的な傾向を示しているように思われる。それは、プラグマティズムを如何なるものと理解するかに関して多様な見解が可能であり、またプラグマティズムがその科学観を体系的に明らかにせず、かつまた人文社会科学に関してあまり直接的に言及することが少なかったことにも関係がある。

　先にも書いたように、アメリカにおいて社会科学が成立し、社会科学の各研究分野が分化・確立されたその原点において、J. デューイ（John Dewey）はシカゴ大学の社会科学セクションにおいて、哲学科の学科長を務めていた。その意味では、アメリカの社会科学の成立とその後の発展にとって、彼は想像以上に大きな影響を持ったとしても決しておかしなことではなかったはずである。

　しかし前章でも明らかにしたように、マニカスは「プラグマティックなアメリカ社会科学」が主流として形成されたという定説は誤りであることを明らかにした。デューイは誤解されてしまったというのである。

　こうした理解に基づいてマニカスはある論文で[3]、デューイのプラグマティズムとアメリカ社会科学との関係を重視し、デューイのプラグマティズムの社会学的含意を最大限摘出することに努力を傾注した。

　彼によれば、デューイの科学観はデューイ自身によって十全な形で明示されているとは言い難いが、それは科学哲学の分野が1950年代にようやく確立され、実証主義的な科学観に対する真の競争者が現れたのは1970年代に入ってからだったという事情に照らして考えると驚くにあたらないと断った上で、デューイのプラグマティズム、道具主義は、なによりもまず、「認識論の問題」の拒否、事実と価値の二分法の拒否であり、問題の解決による「統

制」(それは知識であり、知性を成功裏に適用する能力である)こそが科学の目標であることを明らかにした。

　すなわちデューイにとって人文社会科学は、我々自身を理解するのを助け、われわれの真の利害や目的に対する洞察を与えてくれ、現存する目的の実現を阻む障害の理解を与えてくれるものである。そのためにデューイは、理論と実践を分離してしまうのではなくて、達成されるべき目的を仮説として設定し、しかもそれを現存条件と厳密に相関的に関連づけて設定し、かつまたその仮説をテストする認識の重要性を強調する。こうした認識は、実証主義の事実収集、事実発見とはまったく異なるものである。事実発見における事実は、人間の欲求や人間的価値への帰結が無視されているために、いくら積み上げられたとしても、意味無きものの積み上げにしかならず、知的な全体を構成するものではいえない。

　従ってデューイの道具主義は、アメリカ社会学の主流を構成していった実証主義の社会学とは結びつかない。むしろそれを批判したR. リンドやC. W. ミルズの社会学との親和性が高い。

　さらにマニカスは、デューイの道具主義が常識と科学との間に明確な区別をしていなかったことに着目する。デューイは、技術的過程や道具性が徐々に、曲がりくねった予め計画されていない過程を経て形成され、伝達されて行くと考えた。技術的過程や道具性は、科学とは峻別されるものではなくて、科学の背景を形成し、科学と連続したものと考えた方が良い。両者の違いは、常識的探究が楽しみや使用に関わるイシューを解決するために行われるものであるのに対して、科学的探究はそれ自身のために行われるものだ、ということである。デューイは、「探究は理解することだけを目的にして行いうる」とするギリシャ的な考えを拒絶してはいない。そうではなくて理論と実践を区別し「すべてのものは、道具や実験や技術との関わり無しに理解できる」[4]という考えを否定しているのである。この点でも、デューイはアメリカの実証主義の社会科学とは立場を異にしていたのである。

　またデューイは、「科学的法則は、出来事のユニフォームな無条件的な継起の定式化である、……因果性もそのような継起の観点から規定されなくて

はならない」⁵という経験主義的な科学哲学に反対し、宇宙の物や出来事は、常に他の物や出来事と関係するから、その結果は決まったもの、保証されたものではなく、偶有性に富んでいること、ユニフォーミティはあるものの、それは選択的でバイアスを伴ったものである主張している。ここでもデューイのプラグマティズムは、実証主義、経験主義を拒否している。従って、そのプラグマティズムは、現存の社会秩序を自然法則の結果とするA. コントやH. スペンサーの学説の呪縛から解放されるために、大きな貢献をしたと考えてよかろう。

ところでデューイは、宇宙が徹底的に偶有的であるからこそ、民主的で安定的な社会秩序を創成・維持するためには、科学や知識を共同体の目的のために動員することが必要不可欠になると考えた。そしてこの場合でも、専門家の持つ個別的な知識を動員して解ける技術的な問題もあるが、専門家を個別に動員しても解けない共同体の問題もありうる。この後者の問題は、多くの専門家の有機的な共同によって初めて目的を達成することができる性質の問題である。要するにデューイは、巨大社会を脱して共同体を形成し、その目的を達成するためには、様々な知識の専門家の有機的な共同がどうしても欠かせないことに気がついていたのである。デューイが研究分野の確立、学科の創設に止まらず、様々な人文社会科学の協力による実験的なカレッジ教育をも目指したのは、このような考えが働いたためにほかならない。

以上にように見てくると、ターナーの先の主張、古典社会学と反古典社会学＝プラグマティズムの社会学、ヨーロッパ社会学とアメリカ社会学の対比は、多くの妥当する側面を持っているものの、アメリカ社会学の中心をプラグマティズムの社会学とする点で、根本的な問題を含んでいるように考えられる。アメリカ社会学の主流はプラグマティズムの社会学ではないし、俗流化されないプラグマティズムの社会学は、むしろC. S. パース、デューイからG. H. ミード、S. リンド、C. W. ミルズ、更にA. グールドナーを経て、アメリカ批判理論に繋がる側面さえ持っていることが見て取れるであろう。

デューイは、80歳の誕生日に、生まれ変わったら何がしたいかと問われて、社会科学と答えたと言われている。この発言からも伺われるように、プラグ

マティズムの社会科学は未完であり、パース、ジェームス、デューイ、ミードの十全な理解の下に今後確立されるべきものと言えるのではないだろうか[6]。

近年におけるリチャード・ローティの、アメリカにはプラグマティズムがあるから現代ヨーロッパ哲学は要らないという主張も、J. マーゴリスが明らかにしているように[7]、現象学などとの融合によって初めて意味深いものとなるであろうし、以上のような広い文脈から検討されなければならない。

【注】

1　Bryan S. Turner, "Classical Sociology: a critical defense of the social," 速水奈名子訳「古典社会学—社会的なものへの批判的擁護—」『社会学雑誌』21号、2004、41-62頁
2　Turner, *Ibid.*, p.51.
3　Peter T. Manicas, "John Dewey and American Social Science" Larry A. Hickman ed., *Reading Dewey: Interpretations for a Postmodern Generation*, Bloomington and Indiana, Indiana University Press, 1998. pp.43-62.
4　Manicas, *Ibid.*, pp.50-51
5　Manicas, *Ibid.*, p.51. これは、Jo Ann Boydston ed. *The Later Works of John Dewey*, 1925-1953, Vol.12. Carbondale, Southern Illinois University Press, 1986. p.437. からの引用である。
6　この課題を果たそうとしたのが、河村望であった。彼の晩年のプラグマティズム、ミード関係の著書を参照のこと。この課題は引き継がれなければならない。
7　Joseph Margolis, "Dewey in Dialogue with Continental Philosophy" in Larry A. Hickman ed., *Reading Dewey: Interpretations for a Postmodern Generation*, Bloomington: Indiana University Press, 1998, pp.231-252.

第6章 社会と社会学
──アメリカの事例

　前章までの検討で、アメリカ社会学の確立には、社会学が経験的調査を中心にした問題発見―問題解決型の学問として確立されること、それが責任有る新興中間階級と結びつき、その階級を軸にしてアカデミズムにおいても、市民社会においても定位することが重要であったことを、我々は理解した。それは、ドイツの社会学がアカデミズムに閉塞して、分類と定義に終始してしまったのとは好個の対照をなした。以下では、アメリカ社会学の確立から現在までの歴史を、社会学と社会との関係を軸として辿っておく作業をしておくことにしたい。

　これまで何度も確認したように20世紀におけるアメリカ社会学の確立に関しては、シカゴを中心にしたシカゴ社会学が中心になった。シカゴ大学は19世紀後半から20世紀初頭にかけて作り上げられていった。シカゴ大学は、まさにアメリカ高等教育の世紀の転換点における急激な成長の象徴であった。極めて短期間のうちにシカゴは寒村から巨大なアメリカを代表する都市になった。シカゴ大学の社会科学分野は、大都市がもたらす社会問題を発見し、記述し、分析し、解決することを目的として、意識的に作り上げられたものである。今でこそシカゴ大学はアメリカや世界を代表する超一流大学であるが、その当時のシカゴ大学は新興大学で、大学関係者の間では評価が低

かった。ハーバード、プリンストン、イェールという東部を代表する大学とは違って、学問の自由（Academic Freedom）もなかった。ハーバード大学はシカゴ大学のことを軽蔑して大学の仲間にも入れなかったという記録が残っている程である。歴史的に見ると確かにそのような欠点はあった。しかしシカゴ大学の人文・社会科学分野は、哲学はジョン・デューイ、社会学はアルビオン・スモール、ロバート・パーク、社会心理学はG. H. ミード、経済学はソースタイン・ヴェブレンなどといった巨人を配して出発した。しかも当時の学問の支配的潮流からはいささか離れたところからの出発であった。最初は様々な苦労が伴ったものの、この都市を実験室とした社会科学は、結果として大きな成功をもたらした。この成功は、その後のアメリカ社会科学の歩みにとって重要である。何故ならばシカゴの成功は、経済学内部に起こった経済学の純化を推進し、不純物を外部に投げ出す運動の結果として、まさになげ出されたものの連合体による成功だったからである。この成功によって、その後の社会思想、社会心理学、社会学、政治経済学などの発展が可能になった。社会学も優秀な研究者を集め、その社会学から優秀な研究者を輩出し、中西部から始まって西部、東部にまでも多くの人材を供給していった。このようにアメリカの社会学は、巨大都市を実験室とした実践的で「問題解決型」の学問として登場した。これは今日にいたるまで社会学の重要な特徴として受け継がれて来ていると言って良い。

　しかし社会学は、1920年代にはアメリカ市民の精神には殆ど関わりをもっていなかったと言われている[1]。社会学は、アカデミズムと社会学に関心をもった特定の層に限定された存在だった。その状況を打破して、自分の「社会に関する自己認識を得たい」という増大する欲求に呼応する社会学を初めて打ち出したのは、リンド夫妻（R. S. Rynd, H. M. Rynd）の*Middle Town*（1929）であった[2]。

　大恐慌に苦しんだ1930年代のアメリカは、様々な問題の噴出により、社会学の発展を助長した。なによりもまず社会学の発展を象徴し、その発展を助長したのは、W. F. オグバーン（William Fielding Ogburn）やH. オーダム（Howard Odum）らが中心になって行われた社会動向の研究である。彼等は、フー

バー大統領が作った「社会動向に関する委員会」(The Commission on Recent Social Trend) をリードして、不況にあえぐアメリカ社会の動態を明らかにしようとした[3]。彼等の方法は、プラグマティズムのそれではもはや無く、アメリカ実証主義に基づいた量化的、統計的手法であった。

　世紀の転換点までは、アメリカにおいては経済学と社会学は同じ学会をつくっていたが、そこから追い出され独立した社会学が、30年くらいの間に大統領の調査報告書をつくり、恐慌に苦しむアメリカ社会の将来的な変動の方向性を調査に基づいて明らかにした。社会学にとって、その意義は実に大きかった。この研究は、今日における「ソーシャル・インディケーター・ムーブメント」に繋がる内容を持った量化的、統計的手法を取り入れた調査研究であった。その研究の「科学性」「現実性」「実践性」が、アメリカの社会学を大きく押し上げたと判断される。

　次に1930年代における社会学の発展を象徴し、かつまたそれを推進するものは、アカデミズムの牙城、ハーバード大学の動向である。ハーバード大学は、それまで、神学を中心にして牧師を育て、アメリカ社会を担うジェントルマンをつくるという理念に導かれて運営されていた。その頃になるとハーバードも「社会学部」なしに自らの大学を運営することができないと気づいて、1930年代に社会学部をつくり、ピティリム・ソローキン(Pitirim Sorokin)を招聘した。そこにタルコット・パーソンズが加わった。彼は*The Structure of Social Action*(1937)[4]を書き、社会学を理論の面で確立した。後に彼が中心になってハーバードに「社会関係学部」が作られ、社会学、心理学、人類学などを総合する理論の探究が行われた[5]。パーソンズはその理論に基づいて、社会の圧倒的多数の人々の基本的な欲求を最大限に実現することが可能な社会秩序はどのようなものかを明らかにした。この成果もアメリカ、とりわけアカデミズムが社会学を周辺にだけではなく中心に受け入れるために重要な成果だったと考えられる。

　1930年代における社会学の発展を誘発したその他幾つかの要因について簡単に触れておくことにしよう。シルズが指摘しているように、1930年代には、大陸とりわけ中欧・東欧からの移民の子供達が成人に達し、彼等が社

会学の重要な担い手になったこと、更には大陸のファシズム化に照応する形で、ユダヤ系を中心として多くの知識人達がアメリカに亡命して来、彼等がアメリカの知的水準を高めたことも忘れてはならないだろう[6]。更にもう一つ、先に触れたプラグマティズムの社会学の流れを汲むリンド夫妻は、30年代における地域社会の変容を見事に捉えた著作によって、実証主義に基づく統計的、量化的な方法をとる社会学の主要潮流に対して明確な対抗軸を打ち出したことである[7]。

第二次世界大戦中、多くの社会学者達は社会学を使って軍事的役割ならびに市民的役割を果たすために働いた。そのような働きに基づく代表的な社会学の成果は、S.A.ステューファー（Samuel A. Stouffer）、E.A.サッチマン（Edward A. Suchman）、L.C.デェヴィニー（Leland C. Devinney）、S.A.スター（Shirley A. Star）、R.M.ウィリアムズ二世（Robin M. Williams, Jr.）の『アメリカ兵』（The American Soldiers）2巻である[8]。これは、Research Branch of the Information and Education Division of the War Departmentに加わった社会学者、社会心理学者が、軍人、官僚と協力して行った、軍人が軍隊生活にどのように適応するか、動員解除、除隊後に、兵士が如何に市民生活に復帰して行くのか、等に関する研究である。この研究は、兵士が除隊後大学でその後の市民生活の基盤作りをすることを促進するGIビルに、科学的な根拠を与えることにもなった[9]。

これらの活動を通じて社会学者達は、自らがアメリカ社会の中核的な一員であることを確認するとともに、その成果によってより高い社会的位置、威信を獲得することにもなったのである。

戦後、アメリカは世界に類例のない成長を遂げた。18世紀において空想社会主義者が将来の社会を産業社会だと言った訳だが、ある意味でそれを現実のものにした豊かなIndustrial Societyの形成に成功した。パーソンズはその産業社会を前提として社会秩序論、社会システムの構造・機能分析を完成させた。また多くの社会学は、そのシステムから派生する問題を記述・分析し、その問題に個別的に対処し、その問題をシステムの内部で技術主義的に解決する方向性を取っていった。このような意味で社会学は、その産業社会の中枢部分において、十分制度化された専門分野として存在し、アメリカ市民の

社会認識の一部を形成し、政策形成にも関与し、それなりの大きな役割を果たしたのであった。

　もっとも普遍的概念や理想を追求する社会学や、システムによって組織されるのではなくてシステムを組織し直す(久野収)社会学が、全く展開されなかったわけではない。D. リースマンは、人口と人間類型論を関係づけた独自の大衆社会論を展開した[10]。またC. S. パースのプラグマティズムを継承し、R. リンドの流れを汲むC. W. ミルズは、階級3部作を著し、社会学的想像力の重要性を強調した[11]。さらにアメリカの根本的矛盾に切り込んだ人種・民族問題に関する社会学的研究の端緒も切り開かれた[12]。

　アメリカは1950年代後半から大きな社会変動を迎えることになった。それは、産業化が極点にまで達し、新たな社会形態(知識・情報社会)への転換が始まったことに由来する表面的な社会的停滞と基礎構造変革の動き、覇権維持のために強引に始められた不正義のベトナム戦争に対する反対運動、社会の底辺を支えながらも市民としての権利さえ与えられない黒人をはじめとした様々な人種・民族差別を是正して行こうとする運動、さらには自由と民主主義の盟主を謳いながらも自由にものを言うことさえ難しいアメリカ社会に対する学生や若者の異議申し立て運動、等によって象徴された。そこで問題になったことは、アメリカならびにその社会科学のエスタブリッシュメントが「他者」とどう向き合うかということであった。それまでは、近代化の立ち後れた、しかも社会主義を取るベトナムや、差別された人種・民族などは、境界線の外側に置き、真剣に向き合う必要を感じなかった。アメリカ社会は自由と民主主義の原理によって作られていると信じ込んでいた。それまでは、それでも良かった。しかしそれではもはや済まされない。我々の境界の外側に投げ出されていたものと真剣に向き合い、社会の構成員が参加して自由と民主主義の社会を作り上げて行かなければならない。学生、若者をはじめとした多くのアメリカ市民がそう考えるようになったのである。

　ここでも社会学は実践的に、しかもアメリカの国民社会の基本的な問題を自らの基本問題と位置づけた。アメリカは、近代ヨーロッパの最も先進的な思想に基づいて世界で初めて意識的につくられた新しい国民社会(the first new nation)と言われたが、それにも関わらず、その社会形成の根底部分には、最も底辺の労働をアフリカから奴隷船に乗せてつれてこられたアフロアメリカンに担わせる、ネイティブ・アメリカンを収奪するという「前近代」を持っていた。その問題にいち早く気づき、それをどう解決したらいいかを真剣に考え行動したのが公民権運動である。この運動に最も真摯に対応した社会科学の一つが社会学だった。社会学は、ethnic groups, racial groupsの現状を把握し、様々な集団間の関係に関しても分析を進めた。60年代前半までは、ヨーロッパから来た白人だけがethnic groupの概念で捉えられ、アフロアメリカン、Asian Americanの人たちは人種集団という概念でおさえられていた。社会学は、その現状分析を踏まえてこの状況を批判し、エスニシティ(ethnicity)の概念を提起し、総ての人々を同じ概念で捉え、社会における共生をどう作り上げて行くかという問題(多民族社会形成の実験というアメリカの世界史的意義)を提起し、その概念を全世界化していった。これはアメリカ社会学の大きな貢献だったと評価することができるだろう。

さて「他者」と出会い、彼等と共生できる社会を構想する社会学は、当然、自己に対する「反省性」、社会の現状に対する「批判性」を持たない限りは、その役割を果たすことはできない。この社会学の「反省性」「批判性」は、60年代から70年代前半にかけて、学生運動、ベトナム反戦平和運動、公民権運動などとリンクしながら、全面的に開花することになった。そして60年代後半には、社会学は多くの運動に理論とリーダーシップを提供すると共に、キャンパス内外に起こった社会科学批判運動をリードすることになった。この社会科学批判運動、社会学内在的に言えばラディカル社会学運動は、従来の社会によって作られてしまう社会科学を批判して、社会を作り組織することの出来る社会科学を作り上げようとする運動である[13]。しかし残念なことに、この運動は道半ばにして挫折を余儀なくされてしまった。その原因は様々なレベルで指摘することができる。しかし社会学内在的に言えば、パースのプラグマティズムを行動主義、心理主義、道具主義、実証主義的に変形するのではなくて、パースのプラグマティズムを継承しその上に社会学を作り上げる課題を達成することが出来なかったことにある。パースのプラグマティズム

を継承したC.W.ミルズの著作がアメリカ学生運動のバイブルだったことは良く知られている。しかしその運動は、社会学の理論的基盤を機能主義以外に象徴的相互作用論、エスノメソドロジー、闘争理論、現象学、マルクス主義などに拡大する所までは行ったが、それ以上には発展しなかったのである。

アメリカの社会科学批判運動、社会学内在的に言えばラディカル社会学運動は、どれだけのインパクトを持ったのだろうか。筆者はそれを、抑圧移譲(co-optation)という概念で捉えうると考える。それはどういうことかと言えば、運動の提起した問題のうち権力の側が取り入れうる部分だけを取り入れることによって、体制自体を強化すると同時に、運動それ自体の力が削がれてしまったということである。大統領が公民権運動のリーダーをホワイトハウスに招き、大統領が「We shall overcome」という社会運動の歌を歌うといった出来事は、それを象徴している。要するに、社会運動や社会科学批判運動が提起した問題をシステムの中に取り入れ、体制内的に処理をするところまでは行ったということである[14]。

1970年代になると、運動は急速に下降線を辿っていった。その中で運動を牽引していったのは、戦後他の運動と共に活発に運動を展開してきた女性運動とその思想としてのフェミニズムであった。女性運動とフェミニズムは、人は性的(sex)には男(male)と女(female)に分けられるが、男性・女性(gender)は社会的に構成された、作られたものであることを強調する。つまり我々は、ジェンダー化された構成された社会に住んでいるというのである。社会学は、gender化された作られた社会的世界という考えをいち早く取り入れた専門分野の一つであった。多くの社会学者は、社会が何のために、どのようなメカニズムで、どのような領域でジェンダー化、構成されていくのかを、解明することに努力を傾注していった[15]。

このように社会学の「反省性」「批判性」は、アメリカ社会を揺るがすほどのインパクトを持ったが、その一方では現実からの大きなバックラッシュを被ることにもなった。社会学部や社会学のプログラムが廃止されたり[16]、社会学のプログラムや制度が「反省性」「批判性」を排除し、現状の社会が受け入れやすい「実証性」「論理性」「科学性」を重視するものに過度に純化される傾向が

見られた[17]。つまり仮説検証型の統計的、量化的な研究、方法が支配的になっていったのである。勿論、そのような研究は一方的に否定されるべきものではない。そうした研究は、様々な分野で使用され、社会学が社会に受け入れられる武器になっていたものである。しかし社会学がそのような研究にのみ特化されてしまうことは、これまでのアメリカ社会学の歴史に照らしてみても、いかにも一面的、狭量なことは明らかではなかろうか。その結果、パーソンズ以降アメリカからは優れた世界をリードするような理論家が現れていないとか、社会学がつまらなくなったとか、社会の新しい動向に敏感に反応することに遅れをとるとか[18]、「アメリカ社会学はアメリカ社会学だ」すなわちアメリカの文脈においては有効だが果たして普遍性を持ち得るか疑問だ、といった問題も抱えるようになっている。

そこで近年またもう一度、社会学の実践性、現実性、反省性、批判性を取り戻し、社会によって作られてしまう社会学ではなくて、社会を作り直し、組織する社会学を追究する流れが台頭してきている。それがM.ブラウォイの提唱する公共社会学である[19]。

いずれにしろ、現代社会は大きな世界史の中でも注目されるような画期的な未曾有の社会変動に見舞われている。その中で社会学はこれまでの伝統を受け継ぎながら、トータルな現代社会像を提示するとともに、その変動の方向性を予見する課題を科せられていることは間違いない。この課題に応えているのは、むしろヨーロッパの社会学者である。社会学の衰退、社会学の危機が言われながら、世界の社会科学をリードしている人々を拾い上げて見ると、アンソニー・ギデンズ、ピエール・ブルデュー、ユルゲン・ハバーマス、シグムント・バウマン等々、彼等は、いずれも社会学者である。現代社会科学のリーダーたちはみずからの学問に社会学という名前を冠している。このことは、単なる偶然ではなく、社会学が20世紀に展開した社会学の「実証性」「論理性」「他者性」「反省性」「批判性」を踏まえて始めて社会科学をリードすることができるようになったと考えられる。社会学者の手前みそとの批判も出てくると思われるが、決してそうではない。社会学が様々な問題を抱えていることは筆者自身良く認識している。しかし、社会学が社会に深くコミット

し、社会に受け入れられるように努力し、そこから問題を取り出し、その問題を解決して行こうとしてきた姿勢こそが、この未曾有の変動期に社会学を光り輝かせているのではないかと思わざるをえない。

【注】
1 Edward Shils, *The Calling of Sociology and Other Essays on the Pursuit of Learning*, Chicago, The University of Chicago Press, 1980, p.5.
2 Edward Shils, Ibid., pp.5-6. Robert S. Lynd and H. M. Lynd, *The Middle Town: a study in american modern culture*, Harcourt Brace Janovich, 1929.
3 William Fielding Ogburn ed., *Recent Social Trends*, 2vols. 1933.
4 Talcott Parsons, *The Strucuture of Social Action*, New York, McGraw Hills, 1937.
5 Talcott Parsons, Edward Shills and et al, *Toward a General Theory of Action*, Cambridge, Harvard University Press, 1951.
6 Edward Shils, *Ibid.*, p.7.
7 Robert S. Lynd and H.M. Lynd, *Middletown in Transition: a study of cultural conflicts*, Harcourt Brace and janovich, 1937.
8 Samuel A. Stouffer, Edward A. Suchman, Leland C. Devinney, Shirley A. Star, Robin M. Williams, Jr., *The American Soldier: Adjustment During Army Life*, Volume 1, 1949.*The American Soldier: Combat and Its Aftermath*, Volume 2, Princeton, Princeton University Press, 1949.
9 *The American Soldier*, Vol.2, p.7. 先に触れたように、この法律は、アメリカ情報社会の原点、基盤を作ったとも評価されている法律である。
10 David Riesman, *The Lonely Crowd: A Study of changing American character*, New Haven, Yale University Press, 1950.（加藤秀俊訳『孤独な群衆』みすず書房、1961年）
11 *The New Men of Power*, New York, Harcout Brace, 1948.（長沼秀世・河村望訳『新しい権力者達』青木書店）、C. W. Mills, *White Collar*, Oxford, Oxford University Press, 1951.（杉政孝訳『ホワイトカラー』東京創元社、1957年）、*The Power Elite*, Oxford, Oxford University Press, 1956.（鵜飼信成・綿貫譲治訳『パワーエリート』東京大学出版会、1958年）、*The Sociological Immagination*, Oxford, Oxford University Press, 1959.（鈴木広訳『社会学的想像力』紀伊国屋書店、1965年）
12 Nathan Glazer and D.P. Moynihan, *Beyond Melting Pot-the Negros, Puerto Ricans, Jews, Italians, and Irish of New York City*, Cambridge, M.I.T Press, 1963.（阿部斉・飯野正子訳『人種のるつぼを越えて―多民族社会アメリカ』南雲堂、1986年）
13 ラディカル社会学運動に関しては、以下の書物を参照のこと。高橋徹『現代アメリカ知識人論―文化社会学のために―』新泉社、1987年。
14 アメリカにおけるこのような過程は、ラディカル化した運動が孤立し、体制に対して玉砕的にぶつかっていった日本の事例と比較すると、その後に何かを残す結果になったと言えるのではなかろうか。
15 アメリカにおける女性運動とフェミニズムの展開に関しては、次の著作を参照のこ

と。Steve Seidman, *Contested Konowledge: Social Theory in the Post-modern Era*, Oxford, Blackwell, 1994. とりわけ第7章、The New social Movements and Making of New Social Knowledgesを参照のこと。

16 ラディカル社会学運動の拠点であり、グールドナーをはじめとして多くの理論家を擁していたワシントン大学(セントルイス)社会学部は廃止されてしまった。

17 この点に関しては、次の文献を参照のこと。Ben Agger, *Public Sociology: From Social Facts to Literary Acts*, Lanham, Rowman and Littlefield Publisher, Inc., 2000.

18 例えば、ポストコロニアリズムの思想などには、English Departmentなどの方が敏感になっている。

19 Michael Burawoy, "For Public Sociology" Address to the American Sociological Association, San Francisco, August 15th., 2004.（*American Sociological Review*, February 2005）.

第7章 アメリカにおける「社会学の制度化」とその日本に対するインプリケーション：結びにかえて

　これまで、私たちはアメリカ研究大学・大学院の制度、その運用動態を調査し、それをアメリカ高等教育全体の中に位置づけ、更にはその制度の歴史的形成、その制度の中でどのような社会学が涵養されてきたのか、またアメリカにおいて社会学が如何に社会と密接に関連する形で発展してきたのか等の点を明らかにしてきた。これらの作業を通じて、アメリカの大学・大学院が如何にアメリカの文脈において、アメリカ社会の要請を受ける形で形成され、発展してきたのかを明らかにすることができたように思う。

1　国立、私立、アカデミック・マーケット

　これまで明らかにしてきたように、歴史的に言って、ヨーロッパの近代大学は国家ないしは州などによって設立されたものであり、後になって私的機関によって設立された大学が加わった。ヨーロッパの大学は、大学の公的モデルと呼ぶことができる。これに対してアメリカの大学はまず私的機関によって設立され、後に州によって設立された大学が数多く現れたが、国家によっては、大学は設立されなかった。州立大学は徐々に政府や私的機関からも多額の資金を獲得するようになり、また私立大学も政府や州から多額の資金を補助されるようになっているので、私立大学と公的な大学は、収斂する傾向

にある。しかし現在に至るまで、関係諸主体の努力によってアカデミック・マーケットが作り出され、そこにおいて大学・研究機関の統一基準が作り出されると同時に、大学の威信、入学者、教員、研究成果、社会的貢献などを巡って激しい競争を繰り返していることなどから判断して、アメリカの大学はヨーロッパの大学に対比して私的モデルと呼ぶことがふさわしいだろう。

　日本の大学は、はじめにヨーロッパの大学をモデルに国立大学として設立され、その後多くの私立大学がヨーロッパとは比べものにならないほど早く、多く設立され、発展していった。その意味では日本の大学は、公立、私立並行モデルと呼べるかも知れない。しかしアカデミック・マーケットは形成されず、政府機関が大学の一般的基準を決め、大学の頂点も依然として国立大学が占めているところから判断すると、やはり公的モデルと呼ぶのが妥当だといわざるをえない。

2　社会と大学：大学の社会的根拠、社会的威信

　ヨーロッパの大学は国や州によって設立された公立大学であるが、中世以降学びたい者の集合体が教師を雇うというところから大学が発展してきた伝統を踏まえ、かつまたフンボルト兄弟 (W. V. Humboldt, A. V. Humboldt) らの考え方を取り入れて、良き市民を形成することを目的として発展してきた。またアメリカの大学も、私的機関によって終始一貫して良きアメリカ市民の形成を目的として発展の道を歩んで来たと言えよう。これに対して日本の大学は、明治初頭以降近代国家形成のための教育を重視したし、第二次世界大戦後国家のための大学という思考を批判した流れも大学、学問と市民社会との十分な結びつきを獲得することに成功したとは言い難い。

　大学は、確かな社会的根拠を持ち、社会との広汎でしっかりとした結び付きを獲得した時はじめて、正しい軌道を通って発展して行くことが出来る。オランダのライデン大学は、スペインの侵略に対するライデン市民の抵抗を背景としたライデン市民の大学設立要求にむくいる形で国王によって設立が許可された。フィンランド議会は、国内外の多くの研究者と協力して、常設委員会とし

第7章 アメリカにおける「社会学の制度化」とその日本に対するインプリケーション 195

て「未来のための委員会」を設置し、フィンランドの均衡のとれた発展のための調査研究活動を行っている。ハーバード大学のSchool of Governmentはアメリカの政治家、政府高官、シニア研究などを対象とした多くの教育研修プログラムを提供している。これらの事例が示していることは、大学と学問が社会的根拠を持ち、単なる有用性の意味を超えて社会的威信を持ったとき、大学とその学問はそれぞれの社会で十全な発展の可能性を与えられるということであろう。そうでなければ大学とその学問は、その社会の生産力を高める要因としても不十分なものにならざるをえないのではなかろうか。

3　社会と大学：大学の社会的位置

　大学とその学問が社会的根拠を持ち、社会のなかで適切な位置を与えられ、それを占めていれば、当然大学とその学問にはその発展に資する社会的環境、社会的条件が与えられる。その社会的環境、社会的条件とは、社会の構成員が自らの知的能力を最大限にまで発達させるのに適切な時期に、あるいは市民としての十全な社会活動に従事する前に、知的コミュニティの一員として、自ら問題を設定し、それを解くという研究活動を徹底的なコミュニケーションの過程として展開する機会が十分に与えられるということである。
　大学とその学問は、初等教育、中等教育と有機的な連関を持ち、それまでの教育を土台として研究を展開し、更に大学の構成員の知的能力をその限界にまで発達させることが求められている。反対に初等教育、中等教育は、学問の原理を自らの教育にも貫徹し、軽々に教育と学問とを切り離すことのないよう最大限の努力を払う必要がある。
　初等教育、中等教育と大学・学問との関係は、アメリカの事例で見たように、大学準備講座が高等学校で開かれるといった関係が適切であろう。大学で入学生に対して補習をするのはどうか。大学入学の為に、理科系、文化系をはやばやと分け、少数の科目の受験勉強をする中等教育は改める必要がある。大学生が3年次から就職活動に忙殺されるのはどう見てもおかしい。
　今日、大学とその学問がその社会的有効性を取り戻す試みが様々な形で行

われている。しかし大学とその学問の発展に十分な環境を与える形にならない試みは、究極的には大学とその学問の破壊につながり、生産力の向上にも成功しない。ダニエル・ベルの指摘にもあるように、今日の知識・情報社会の中心的な制度は、大学、研究機関である。その十全なる発展無くしては、国民社会の発展はありえない。大学とその学問を適切な形で発展させ、それらをもって自分自身で自己を教育し続けることの出来る人間、自分で人生のプログラムを書ける人間を輩出することこそ、最も重要な国民的課題である。

4　システムとしての大学の全体的発展

　アメリカの事例からも分かるように、適切な社会的根拠、社会的位置を与えられて大学は、研究・教育部門が他とは切り離されて単独で発展して行くものではない。アメリカでは20世紀初頭以来、アメリカ新中間層の利害を反映して教育アドミニストレーターが登場し、アメリカ大学官僚制の運営を担い、大学における学問・教育の発展に多大な貢献をしてきた。現在の大学においても、この層は大変厚く形成されており、専門化の度合いを強めている。この層無しには、大学の存立、管理・運営、学問の発展など考えられない。代表的な二つの専門職層を挙げておくとすれば、アドミッション・オフィサー、ファンドレーザーが挙げられるであろう。アドミッション・オフィサーは、どのような種類の学生・大学院生(成績、エスニシティ、性別、地域、階級・階層、国別、奨学金の有無など)を入学させるかを、社会科学を駆使して選択・決定して行く役職である。この仕事は、大学の浮沈に関わる重要な仕事である。学生の選択を誤ると、大学の没落をも招きかねない。そのために、大学は博士号を持つ人材を雇い、育て、科学的、慎重な分析・研究に基づいて、学生選抜を行っている。後者は言うまでもなく、大学を支える資金、基金を調達する役職である。質の高い大学を維持・発展させてゆくには、膨大なお金が必要である。彼等は、あらゆる手だてを尽くして、政府、公共機関、財団、企業、個人からの寄付を獲得すべく働く。その他にも、図書館、美術館・博物館、就職、留学生、生涯教育、同窓会、に関わる専門職層無くして大学は存立し

ないし、動いて行くことができない。それなるがゆえに、大学は博士号を持つその専門職を獲得しようとするのであり、また大学内部からもその層を育てようとするのである。彼等は、企業にとってのマーケット・リサーチャーのようなものである。

　このような教育アドミニストレーターは、研究・教育部門でも増え続けている。例えば、学部やスクール、研究所の研究コーディネーターは、共同研究やコロキュームの運営、担当部署の広報、他部署との関係の調整に大きな力を発揮しつつある。その他、研究資金に関する情報、資金獲得の戦略設定を行う専門職も重要性を増しつつある。現在、日本の大学はようやくこうした専門職層の重要性に気がつき始めているものの、未だにそうした専門職確立の目処は立っていない。

5　大学の財政的基盤

　研究・教育は大変お金のかかるものである。事実欧米を代表する大学・大学院は、他と比較して財政的に豊かな基盤を持っている。しかしお金をかけたからといって、短時間のうちにその成果が現れるという保証はどこにもない。そのために公的な支出は勿論のこと、私的にも、あらゆる形で出来るだけ多くの資金が大学に投入される必要がある。株式会社や財団からの大学への寄付、その他は大いに拡大される必要がある。

6　外国の大学の研究・教育システムの日本への導入

　日本は、明治維新以降、諸外国から大学の様々な研究・教育システムを積極的に導入して大学作りを推進してきた。戦後はとりわけアメリカの大学の研究・教育システムに特別の関心を払い、それらを導入することに熱心だったと言えるだろう。しかし、これまでの導入は、多くの場合、導入を目指す部分をアメリカの大学の研究・教育システム全体と関連づけて理解し、部分の意味するところを正しく導入する工夫に欠けるところがあったがために、

結果として意図したものとはかなり異なるものになってしまったのではないだろうか。近時の事例としては、学生による授業評価制度や教員の任期制の導入などがあげられるのはないか。

　学生による授業評価は、1960年代末の学生反乱後、アメリカで広汎に行われるようになったと考えられる。しかしそれは、取ろうとする単位に応じて学生が異なる額の授業料を直接払い込み、更に学生はかなりの量の必読文献を読みアサインメントをこなし、その上で積極的に授業に参加するという授業システムを前提にしたものであった。またその導入は、多くの試行錯誤を繰り返して定着していった。従って、1970年代初頭には、自分は授業評価を拒否するという教授も散見された。このような前提を持たない、また授業をする側と受ける側の試行錯誤を経ない、学生の授業評価制度は、ややもすると形骸化する危険性をもつことになる。

　同じことが任期制の導入についても言える。任期制はアカデミック・マーケットが形成されているところではじめて機能を発揮することができる。不幸にして任期制の結果、その職を去らなければならない教師も、マーケットの中で別の職を得る可能性を持っている。アメリカの中になければ、ラテン・アメリカ、オーストラリア、アジアにおいて、職を得ることが出来るかも知れない。

　日本には、アカデミック・マーケットは成立していない。その結果、教員の公募制も部分的な機能しか発揮することができない。公募によって適切な人材が確保できると考える大学とその部署は良いが、多くの場合、公募といっても、予めお目当ての研究者がいる場合が多いのでは無かろうか。

7　研究大学・大学院の形成

　現在日本は、研究大学・大学院の形成を緊急の課題としている。日本の文脈に即した表現をするとすれば、大学院重点化である。しかしもっと適切な表現をしておく方が良いだろう。今日本は多様な大学・大学院の形成を焦眉の課題としていると言わなければならない。

　可能性のあるところでは、世界的なレベルの研究を行う、世界の学術を担

う博士を生産する研究大学・大学院を形成することが必要である。そこでは学部学生の教育よりも研究と博士を生み出す大学院教育に力点が置かれる必要がある。事実、アメリカの研究大学・大学院の場合、学部学生よりも大学院生の方が確実に多い。また学部生の教育と修士号の生産を目的とした多くの大学・大学院が必要である。さらに4年間の密度の濃い教養教育を目的としたカレッジも沢山必要である。日本の大学は、どの大学も学部から大学院の博士まで総ての教育を行うという総合大学型が多いように思う。それでは財政基盤が弱い上に、どのレベルの教育も、研究も、中途半端になってしまう恐れ無しとしない。

アメリカの主要な大学の大学院は、先に見たように、学年ごとの教授と学生の比率はほぼ1対1程度である。日本では、とりわけ大学院重点化以降、大学院生が急激に増え、教員1に対して、大学院生は2を数える。しかもアカデミック・マーケットが成立していないので、就職口のない博士をも大量に生産する結果となり、逆に就職口の存在に合わせて博士号の数の調整をすることもできない。結果として、大学院教育、大学院生の質の低下を経験することになった。

日本の大学院は、奨学金を給付できる人数に合わせて、入学許可者数を決めるといった工夫が有っても良いのではないか。大学院生は、博士号取得まで、様々な奨学金を給付される必要がある。

日本の大学院は、学部とは相対的に自律した固有の大学院を作り上げる必要に迫られている。今まで日本の大学院は、学部とほぼ同じ組織であり、学部に依存する場合が多く、ゼミと、ゼミとあまり変わらない講義と個別指導とによって成り立ってきた。しかし現在、日本の大学院は、大学院独自のプログラムを作り出す必要性に迫られており、大学院生のレベルに合わせて、かつまたやらなければならない課題に合わせて、様々なセミナー、演習、講義、ワークショップなどを提供しなければならない。

大学院における研究指導は、できるだけ大学院構成員全員が一人一人の学生の指導にあたるよう工夫することが必要である。すなわち制度全体が一人一人の学生の指導にあたることが望まれる。アカデミック・アドバイザーが

1対1で学生を指導することはなるべく避ける方が良い。そうしなければ、「誰があなたの先生ですか？」という問いに象徴される「日本的思考様式」からは根本的に脱却することはできないであろう[1]。

8　研究大学・大学院の形成—社会学の場合

　社会学の場合、大学院生は少なくとも二つ以上の専門分野を持つ必要がある。大学院生が自らの専門分野に閉塞しないよう注意する必要があるだろう。

　日本の大学院も、アメリカの大学院と同じように、学年が高くなればなるほどインターディシプリナリーな共同研究などに参加して、学際的な研究が出来るように訓練される必要性があるだろう。

　アメリカの研究大学・大学院では、少なくとも20名程度の社会学者が研究・教育に当たっている。日本の大学では、20名以上の社会学者が一同に会して研究・教育に当たっているケースは極めて稀であろう。しかしきちっとした専門的な研究・教育を行うには、この程度の教員が必要であることは肝に銘ずべきことであろう。

　日本の大学では、教員の研究時間の確保に関する工夫がなされていない場合が多い。教員には、6—7年に1年の研究休暇は必須である。それなしには、世界水準の研究の進展に追いついていくことは出来ない。研究休暇制度の確立は緊急の課題である。

　今日、研究のグローバル化は著しい。この中にあって、大学教員が英語などで、自由に研究発表が出来、大学で講義が出来ることは、不可欠なことになりつつある。韓国ではそうした能力無しには、主要な大学の教員に実質的になれないことになってきているが、そこまで行かなくとも、大学・大学院でそうした能力を養うことは必須のことであろう。

【注】
1　ヨハン・ガルトゥング『グローバル化と知的様式—社会科学方法論についての七つのエッセー』(矢澤修次郎・大重光太郎訳、東信堂、2004年)

参考文献

高城和義『パーソンズとアメリカ知識社会』岩波書店 1992年
高城和義『アメリカの大学とパーソンズ』日本評論社 1989年
竹内洋『立志苦学出世』講談社現代新書 1991年
竹内洋『立身出世主義:近代日本のロマンと欲望』世界思想社 2005年
一橋大学学園史刊行委員会『一橋大学百二十年史』一橋大学 1995年
福沢諭吉『学問のすすめ』岩波文庫 1978年
Agger,Ben. 2000. *Public Sociology: From Social Facts to Literary Acts*, Lanham, Rowman and Littlefield Publisher, Inc.
Bell, Daniel. 1973. *The Coming of Post-Industrial Society*. New York: Basic Books. 内田忠夫・嘉治元郎・城塚登・馬場修一・村上泰亮・谷嶋喬四郎訳『脱工業社会の到来上下』ダイヤモンド社 1975年。
Boudieu, Pierre. 1984. *Homo Academics*. Paris: Editions de Minut.(石崎晴己・東松秀雄訳『ホモ・アカデミクス』藤原書店 1997年)
Boydston, Jo Ann ed. 1986. *The Later Works of John Dewey*, 1925-1953, Vol.12. Carbondale: Southern Illinois University Press.
Burawoy, Michael. 2005. "For Public Sociology" Address to the American Sociological Association, San Francisco, August 15th., 2004. *American Sociological Review* 70(1).
Calhoun, Craig. 2006 "Is The University In Crisis?" *Society*(May/June).
——. 1999. "The Specificity of American Higher Education." Remarks to the conference, Universities in Modern Societies: Traditions, Problems, and Challenges, University of Oslo, Sept. 6-7, 1999.
Carnegie Foundation for the Advancement of Teaching. 2001. *The Carnegie Classification of the Institutions of Higher Education*. Menlo Park, CA: Carnegie Publications.
Cartter, Allan. 1966. *An Assessment of Quality in Graduate Education*. Washington, DC: American Council on Education.
Castells, Manuel. 2000. *The Rise of Network Society*. Cambridge: Blackwell.
Drucker, Peter. 1993. The Post-Capitalist Society New York: Harper Business.
Glazer, Nathan and D.P. Moynihan. 1963. *Beyond Melting Pot-the Negros, Puerto Ricans, Jews, Italians, and Irish of New York City*. Cambridge: M.I.T Press.(阿部斉・飯野正子訳『人種のるつぼを越えて―多民族社会アメリカ』南雲堂 1986年)
Galtung, Johan. 2004『グローバル化と知的様式―社会科学方法論についての七つのエッセー』(矢澤修次郎・大重光太郎訳)東信堂
Graham, Hugh Davis and Nancy Diamond. 1997. *The Rise of American Research Universities: Elites and Challengers in the Postwar Era*. Baltimore: Johns Hopkins University.
Herbst, Jurgen. 1965. *The German Historical School of in American Scholarship*. Ithaca: Cornell University Press.
Hughes, Raymond. 1925. *A Study of the Graduate Schools of America*. Oxford, OH: Miami University Press.

Jones, Lyle, Gardner Lindzey, and Porter Coggeshall. eds. 1982. *An Assessment of Research-Doctorate Programs in the United States*. Washington, DC: National Academy Press.

Keniston, Hayward. 1959. *Graduate Study and Research in the Arts and Sciences at the University of Pennsylvania*. Philadelphia: University of Pennsylvania Press.

Kolko, Gabriel. 1967. *The Triumph of Conservatism*. Chicago: Quadrangle.

Lynd, Robert S. and H. M. Lynd. 1937. *Middletown in Transition: a study of cultural conflicts*. New York: Harcourt, Brace & Co.

Manicas, Peter T. 1991 "The Social Science Disciplines: The American Model." in Peter Wagner, Bjorn Wittrock and Richard Whitley eds. *Discourse on Society: The Shaping of the Social Science Disciplines*. Dordrecht: Kluwer Academic Publishers.

――. 1988. "John Dewey and American Social Science" Larry A. Hickman ed., *Reading Dewey: Interpretations for a Postmodern Generation*. Bloomington and Indiana, Indiana University Press.

Margolis, Joseph. 1998. "Dewey in Dialogue with Continental philosophy." in Larry A. Hickman ed. *Reading Dewey: Interpretations for a Postmodern Generation*, Bloomington: Indiana University Press.

McCormick, Alexander and Chun-Mei Zhoa. 2005. "Rethinking and Reframing the Carnegie Classification." *Change* Vol. 37, No. 5: 51-57.

Merton, R. K. *The Sociology of Science: Theoretical and Empirical Investigations*. Edited by Norman Storev Chicago: University of Chicago Press, 1973.

Mills, C. W. 1959. *The Sociological Immagination*. Oxford: Oxford University Press,(鈴木広訳『社会学的想像力』紀伊国屋書店 1965年)

――. 1956. *The Power Elite*, Oxford, Oxford University Press,(鵜飼信成・綿貫譲治訳『パワーエリート』東京大学出版会 1958年)

――. 1951. *White Collar*. Oxford, Oxford University Press.(杉政孝訳『ホワイトカラー』東京創元社 1957年)

――. 1948. *The New Men of Power*. New York: Harcout, Brace & Co.(長沼秀世・河村望訳『新しい権力者―労働組合幹部論』青木書店 1975年)

National Research Council. 1995. *Research-Doctorate Programs in the United States*. Washington, DC: National Academy Press.

Oberschall, Anthony. 1972. "The Institutionalization of American Sociology" in Anthony Oberschall ed. *The Establishment of Empirical Sociology: Studies in Continuitty, Discontinuity and Institutionalization*. New York: Harper and Row.

Ogburn, William Fielding ed. 1933. *Recent Social Trends*, 2vols. .

Parsons, Talcott. 1937. *The Strucuture of Social Action*, New York: McGraw Hills.

Parsons, Talcott and Gerald M. Platt in collaboration with Neil J.Smelser. 1973. *The American University*. Cambridge: Harvard University Press.

Parsons, Talcott, Edward Shills and et al, 1951. *Toward a General Theory of Action*. Cambridge: Harvard University Press.

Riesman, David. 1950. *The Lonely Crowd: A Study of Changing American Character*. New Haven: Yale University Press.(加藤秀俊訳『孤独な群衆』みすず書房 1961年)

Rose, Kenneth and Charles Andersen. 1970. *A Rating of Graduate Programs*. Washington, DC: American Council on Education.

Seidman, Steve. 1994. Contested Konowledge: Social Theory in the Post-modern Era. Oxford: Blackwell.

Shils, Edward. 1980. *The Calling of Sociology and Other Essays on the Pursuit of Learning*. Chicago: University of Chicago Press.

Slaughter S. and L. L. Leslie, *Academic Capitalism: Politics, Policies, and the Entrepreneurial University*, Baltimore, The Johns Hopkins University Press, 1997.

Stouffer, Samuel A., Edward A. Suchman, Leland C. Devinney, Shirley A. Star, Robin M. Williams. Jr. 1949. *The American Soldier: Adjustment During Army Life* Volume 1; *The American Soldier: Combat and Its Aftermath* Volume 2. Princeton: Princeton University Press.

Touraine, Alain. 1997. *The Academic System in American Society*, New Brunswick, New Jersey, Transaction Publisher.

U.S. News and World Report. 2005. "America's Best College"

Washburn, Jennifer. 2005. *University Inc.: The Corporate Corruption of Higher Education*, New York: Basic Books.

Webster, David S.1983. "America's Highest Ranked Graduate Schools, 1925-1982." *Change* 15.

Weinstein, James. 1968. *The Corporate Ideal in the Liberal State*, 1900-1918. Boston: Beacon Press.

事項索引

【ア行】

アイオワ大学 109
愛校心 158
アイビーリーグ大学 121, 123, 148, 154
アカデミック・アドバイザー 199
アカデミック資本主義 162
アカデミック・マーケット 25, 137, 153, 154, 156, 193, 194, 198
新しい国民社会 187
アーツ (arts) 165
アドミッション・オフィサー 196
アフロアメリカン 188
アメリカ科学アカデミー (NAS) 5
アメリカ教育カウンシル (ACE) 5
アメリカ高等教育機関のディレクトリ 8
アメリカ社会科学協会 (American Social Science Association) 168
アメリカ社会学雑誌 170
アメリカ社会学の制度化 171
アメリカ社会科学リサーチ・カウンシル (SSRC) 14, 18
アメリカ社会における社会学の位置 121, 138
アメリカの高等教育 136
アメリカ・バー・アソシエーション 146
アメリカ・プログラム 145
誤った出発 172
アリゾナ大学 62
イェール大学 99, 132, 147, 154, 184
イギリス社会科学推進協会 (British Association for the Promotion of Social Science) 168
イギリス政治経済学 167
イリノイ大学 18, 107
インディアナ大学 126
 ──ブルーミントン校 60
ヴァンガード・カレッジ 8, 20
ウィスコンシン大学 18, 126, 127, 138, 145, 154
 ──マジソン校 30, 116, 118, 121, 138
ウッドロー・ウィルソン・スクール 57
エスノメソドロジー 189
エリート形成 160
オハイオ州立大学 27, 54, 57, 65, 77, 85, 112

【カ行】

外国語 82, 115
外部資金 147
外部評価 25
科学 (sciences) 165
科学技術研究 161
科学者のエートス 162
確認試験 (Diagnostic Exam) 102
学部 (faculty) 165
学問の自由 (Academic Freedom) 184
学会組織 155
カーネギー・クラシフィケーション 6, 12
カーネギー財団 vi, 6
カリキュラム 117, 120, 122, 125, 127, 131, 132, 141
カリフォルニア大学 154
 ──サンタバーバラ校 94
 ──デービス校 105
 ──バークレー校 26, 47, 53, 57, 65, 77, 112, 118, 121, 127, 128, 134, 145
 ──ロサンジェルス校 50, 118, 135
看板モデル 128, 145
教育アドミニストレーター 196, 197
教育経営者 167
教員と学生数 139
競争 153
共同研究モデル 128, 145
極端主義 169
グローバル社会 iv
経験主義 180
計量アプローチ 139
限界効用学説 169
研究機関 29, 33, 40, 43, 45, 49, 52, 56, 59, 62, 66, 69, 73, 75, 78, 81, 84, 87, 89, 91, 94, 96, 100, 104, 106, 110, 115, 117, 145
研究休暇 200
研究・教育モデル 145
研究大学 vi, 156
研究のグローバル化 200
研究博士大学ランキング 8
現象学 189

索引　205

公共財·· 161, 162
構造変動のスケール······························ 160
高等教育機関と地域······························ 159
口頭候補試験(Oral qualifying exam)········· 52
候補(確認)試験(Qualifying Exam)··· 96, 106
候補ペーパー(Qualifying Paper)············· 106
高等教育の大衆化································ 4, 157
候補試験······································ 28, 62, 86
語学··· 35, 58
国立大学の法人化······································ v
古典的な社会学························· 139, 172, 177
コーネル大学································· 71, 167
コミュニティ・カレッジ···················· 6, 157
コロンビア大学····· 18, 66, 126, 128, 134, 154, 169

【サ行】
最終試験·· 75, 81
サブフィールド································ 28, 36, 42
サンプル・ライティング············ 116, 119, 134
ジェンダー··· 189
シカゴ学派(社会学)···························· 111, 183
シカゴ大学······················· 18, 34, 35, 58, 83,
　　　　　　　　121, 127, 132, 134, 154, 167, 183
資金··· 123, 128
自己評価·· 25
私財·· 161
実証主義(社会学)······················ 179, 180, 185
私的モデル··· 194
事務職員·· 25
社会科学リサーチ・カウンシル(Social
　　Science Research Council)············· 136
社会科学関連分野のPh.D.プログラムのある大学···11
社会科学の産業化··································· 168
社会科学批判運動··································· 188
社会学入門··· 91
社会学の制度化······································· 173
社会学Ph.D.プログラムのある大学········· 10
社会学Ph.D.プログラムのタイポロジー···· 122, 128
社会学リサーチ・プラクティカム
　　(Sociological Research Practicum)······ 61
社会関係学部·· 185
社会資本·· 161
社会トレンド報告··································· 171
州立大学······································ 14, 15, 123

授業·· 112
授業評価··· 198
準備試験(Preliminary Examinations)······ 32, 35,
　　　　　　　　38, 54, 74, 103, 106, 108
奨学金············· 33, 37, 39, 43, 45, 49, 55,
　　　　　　　　59, 62, 64, 66, 68, 73, 75,
　　　　　　　　91, 103, 108, 115, 146, 199
象徴的相互作用論································ 189
情報社会··· iii, iv
女性運動·· 189
ショート・ペーパー······························· 42
ジョンズホプキンス大学··· 35, 58, 81, 83, 167, 169
思慮深き人·· 166
スタンフォード大学····················· 40, 154, 167
政治経済学·· 169
精神分析と学習の行動主義理論············· 172
制度学派経済学···································· 170
セミナー··· 59
セルフ・プログラマブルな人間················ iii
全国科学財団······································ 158
全国市民連盟(National Civic Federation)··· 168
全米科学基金(NSF, National Science
　　Foundation)······································ 5
専門試験(Field Exams)　51, 65, 80, 94, 98, 100,
　　　　　　　　　　　　　108, 110
専門職業人養成大学院····························· iv
専門職大学院·· 6
専門分野(discipline)····························· 165
専門領域試験(Special Field Examinations)··· 35
専門領域ペーパー································· 55
総合試験(Comprehensive Examination)··· 44, 48,
　　　　　　　　58, 65, 78, 80, 84, 93, 110, 112
総合大学ランキング2005······················· 13
総合ペーパー(Comprehensive Paper)······· 96
ソーシャル・インディケーター・ムーブメント··· 185

【タ行】
大学院·· 12
大学院社会学ランキング························ 14
大学院重点化··· iv
大学院長(Dean)·································· 121
大学院入試················· 116, 122, 124, 126, 129
大学院部局化·· v
大学教員の移動率································ 158

大学の危機 …………………………… 159, 162
大学の公的モデル …………………… 193
大学の財政 …………………………… 120
大学の社会的根拠 …………………… 194
大学ランキング …………………… 4, 6-8, 12
地域大学 ……………………………… 12
知識社会 …………………………… iii, iv
知識とお金の矛盾 …………………… 161
知的コミュニティ ……………… 133, 135
知的財産権 …………………………… 160
中間層 ………………………………… 173
中西部の州立大学 …………………… 121
定性メソッド ……………… 27, 57, 65, 77, 134
テキサス大学 ………………………… 8
── オースティン校 …… 27, 54, 57, 65, 76, 77
テニュア ……………………………… 138, 159
デューク大学 ………………… 18, 45, 73, 124
ドイツ社会政策学会 ………………… 169
ドイツ歴史主義経済学 ……………… 169
道具主義 ……………………………… 178, 179
道徳哲学 ……………………………… 169
独立モデル (Berkeley, Harvard) … 123, 128, 145
トップアメリカ研究大学 (The Top American Research University) ………………… 8
トップダウン・モデル (Wisconsin, Michigan, North Carolina) …………………… 123

【ナ行】
ナショナル・リサーチ・カウンシル ……… 5
日本的思考様式 ……………………… 200
ニュースクール大学 ……… 15, 18, 20, 27, 35, 47, 54, 57, 58, 65, 77, 81, 112, 113, 129
ニューヨーク州立大学アルバニー校 …… 92
ニューヨーク大学 …………………… 87
任期制 ………………………………… 198
ネイティブ・アメリカン …………… 188
ネットワーク社会 ………………… iii, iv
ノースウェスタン大学 …… 18, 27, 47, 53, 57, 65, 133, 134, 146
ノースキャロライナ州立大学 ……… 46
ノースキャロライナ大学 …… 18, 126, 145
── チャペルヒル校 …… 43, 118, 121, 128

【ハ行】
ハーバード大学 ……… 27, 47, 53, 57, 65, 77, 112, 127, 128, 134, 145, 147, 154, 184, 185
ビジネススクール …………………… 12
一橋大学大学院社会学研究科 …… v, ix
ピラミッド・スキーム ……………… 160
ファンドレーザー …………………… 196
フィランソロピー …………………… 173
フィールド・メソッド ……………… 134
フェミニズム ………………………… 189
副学長 (Provost) …………………… 122
ブラウン大学 ………………………… 18, 101
プラグマティズム ………… 172, 178, 180
プラグマティックな社会科学 ……… 167
ブランダイス大学 ……… 15, 18, 20, 27, 54, 57, 65, 77, 111, 112
プリンストン大学 …… 18, 35, 47, 53, 57, 58, 65, 77, 81, 112, 127, 128, 132, 134, 147, 154, 184
プログラムを書ける人間 …………… 196
プロセミナー …… 27, 31, 42, 51, 54, 61, 71, 79, 82, 86, 99, 106, 108, 110, 112
プロフェッショナル・セミナー …… 67
プロフェッショナル・ペーパー … 38, 68
プロポーザル ………………………… 75
フロリダ大学 ………………………… 8, 20
文化資本 ……………………………… 161
ベイ＝ドール法 ……………………… 159
ヘイマーケット事件 ………………… 169
ペンシルバニア州立大学 …………… 83
ペンシルベニア大学 …… 18, 27, 47, 54, 64, 77, 112

【マ行】
マルクス主義 ………………………… 189
ミシガン大学 ………… 18, 61, 126, 145, 154
── アナーバー校 ………… 37, 118, 121
ミネソタ大学 ………………………… 18, 90
民間資金 ……………………………… 157
メリーランド大学カレッジパーク校 … 97
モーリル法 …………………………… 154

【ヤ行】
矢澤研究室 …………………………… ix
抑圧移譲 (co-optation) …………… 189

ヨーロッパ・プログラム ……………… 145

【ラ行】
ラディカル社会学運動……………… 189
ランキング……………………………… 125
リサーチ・アシスタント ……………… 82, 89
リサーチ・ツール……………………… 93
リサーチ・プロジェクト ………………… 65
リサーチ・ペーパー …… 28, 48, 54, 58, 88, 100
リサーチ・プラクティカム ……………… 90
リベラルアーツ ………………………… 155
　　　── ・カレッジ ………………… 5, 12
ロースクール…………………………… 12

【ワ行】
ワークショップ ………………… 29, 36, 48, 55, 59, 69, 89, 100, 135, 143
ワシントン大学………………………… 79

【欧文】
American Bar Foundation ……………… 136
American Journal of Sociology ……………… 132
American Sociological Review ……………… 138
America's Best Colleges ……………… 12
A試験 (A Exam) ……………………… 72

Chair …………………………………… 24
Director of Graduate Studies (DGS) ………… 25
Director of Undergraduate Studies (DUS) … 25
GIビル ………………………………… 174
Graduate School of Arts and Sciences ……… 24
GPA …………………………………… 116
GRE (統一大学院試験) ………… 116, 119, 134
MA委員会 …………………………… 28
MAペーパー ……………………… 51, 63, 72
MAリサーチ・ペーパー ……………… 35
MA論文 …… 77, 78, 83, 86, 90, 93, 95, 102, 110
Ph.D.プログラム …………26, 31, 34, 37, 41, 43, 47, 50, 53, 57, 60, 63, 64, 67, 71, 74, 76, 79, 81, 83, 85, 88, 90, 92, 95, 97, 99, 102, 105, 107, 109, 111, 113, 117, 119, 122, 124, 126, 130, 132, 134, 137, 140
Ph.D.論文プロポーザル … 29, 39, 42, 113, 115
School of Arts and Sciences ………………… 24
*The Chronicle of Higher Education*誌 ……… 5
TOEFL ………………………………… 116
*U.S. News & World Report*誌 ……… 6-8, 12, 19, 25, 26, 121, 125
Washington Monthly …………………… 8

人名索引

【ア行】
秋吉美都……………………………… 18
アルドリッチ, H. ……………… 121, 145
アンダーソン, C. …………………… 5
ウィリアムズ二世, R. M. ……………… 186
ウィンズボロー, H. …………………… 117
ヴィンセント, G. …………………… 170
ウェーバー, M. ……………………… 167
ウェブスター, D. ……………………… 4
ヴェブレン, Th. ………………… 170, 184
ウオード, L. ………………………… 170
オグバーン, W. F. …………………… 184
オーダム, H. …………………… 43, 184
オバーシャル, A. ……………………… 171

【カ行】
カーター, A. …………………………… 5
カールーサーズ, B. ………………… 133
カルフーン, C. ……………… 14, 136, 153, 162
ギディングス, F. H. ……………… 167, 170
ギデンズ, A. ………………………… 190
キメルドフ, H. ……………………… 119
グラハム, H. …………………… 153, 155
グールドナー, A. …………………… 180
ケンジントン, H. ……………………… 4
小井土彰宏…………………………… 18
コッゲシャル, P. ……………………… 5
ゴールドファーブ, J. ………………… 129
コント, A. ……………………… 170, 180

【サ行】

サッチマン, E. A. ……………………… 186
サムナー, G. ……………………… 167, 170
シュモラー, G. ……………………… 167, 169
ジョーンズ, L. ……………………… 5
シルズ, E. ……………… 132, 162, 171, 185
ジンメル, G. ……………………… 167
スター, S. A. ……………………… 186
ステューファー, S. A. ……………………… 186
スペンサー, H. ……………… 167, 170, 180
スミス, A. ……………………… 170
スモール, A. ……………… 167, 170, 184
ソローキン, P. ……………………… 185

【タ行】

ダイアモンド, N. ……………… 153, 155
ターナー, B. ……………………… 165, 177
恒吉僚子 ……………………… 19
ディルタイ, W. ……………………… 167
デェヴィニー, L. C. ……………………… 186
デューイ, J. ……… 167, 170, 178, 179, 180, 184
トーマス, W. I. ……………………… 170

【ナ行】

根本久美子 ……………………… 18
野宮大志郎 ……………………… 18

【ハ行】

バウマン, Z. ……………………… 190
パーク, R. ……………………… 184, 188
パース, C. S. ……………………… 180, 187
パーソンズ, T. ……… 3, 4, 162, 172, 185, 190

【マ行】

ハーバマス, J. ……………………… 190
ビアマン ……………………… 145
ヒューズ, R. ……………………… 4
ブラウォイ, M. ……………………… 190
ブルデュー, P. ……………………… 165, 190
フンボルト兄弟 ……………………… 194
ベアマン, P. ……………………… 126
ベッカー, H. ……………………… 134
ベル, D. ……………………… 162, 196

【マ行】

マーゴリス, J. ……………………… 181
マーシャル, A. ……………………… 169
マニカス, P. ……………………… 166-171
ミード, G. H. ……………………… 180, 184
ミルズ, C. W. ……………… 179, 180, 187, 189
メイナード, D. ……………………… 116
メリアム, C. E. ……………………… 170
モーガン, S. P. ……………………… 124

【ヤ行】

矢澤修次郎 ……………………… vi, 18, 19

【ラ行】

ライト, E. O. ……………………… 128
ラウマン, E. ……………………… 132
リースマン, D. ……………………… 162, 187
リンズィー, G. ……………………… 5
リンド, H. M. ……………………… 184
リンド, R. S. ……………… 179, 180, 187
ローズ, K. ……………………… 5
ローティ, R. ……………………… 181

執筆者紹介

矢澤　修次郎（やざわ　しゅうじろう）
　　現在の役職：成城大学社会イノベーション学部教授
　　専攻：情報社会学、社会運動論、社会学理論・社会学史、政治社会学
主要著作・論文
『現代アメリカ社会学史研究』（東京大学出版会、1984、単著）、『アメリカ知識人の思想』（東京大学出版会、1996、単著）、『地球情報社会と社会運動』（ハーベスト社、2006、共著）、『講座 社会学15 社会運動』（東京大学出版会、2003、編著）、『都市社会運動の可能性』（自治体研究社、1988、共編著）、『現代社会論』（有斐閣、1991、共編著）、『知とモダニティの社会学』（東京大学出版会、1992、共編著）、『社会学のよろこび』（八千代出版、1999、共編著）、『社会類型』（至誠堂、1971、翻訳）、『現代政治学の基礎』（東京大学出版会、1973、共訳）、『社会学の再生を求めて』（新曜社、1975、共訳）、『権威主義的パーソナリティ』（青木書店、1980、共訳）、『社会学の神話』（日本経済新聞社、1983、共訳）、『現代資本性社会はマルクスを超えたか』（東信堂、1993、共訳）、『グローバル化と知的様式』（東信堂、2004、翻訳）

伊藤　毅（いとう　たけし）
　　1971年新潟生まれ、Visiting Lecturer, Bard College, NY.
　　専攻：政治学、社会学
主要著作・論文
「インドネシア「改革」時代に見る村落統治の変容の様子―西ジャワ州バンドン県のN村の事例―」（『東南アジア―歴史と文化』Vol. 35, 2006）、The Dynamics of Local Governance Reform in Decentralizing Indonesia:Participatory Planning and Village Empowerment in Bandung, West Java』（『アジア・アフリカ地域研究』Vol. 5, No. 2, 2006）、「ジャカルタから見た「東ティモール問題」」（『地理』2月号、2000）、Democratization in Indonesia: Report of the 1999 Election Observation(Bangkok: Forum Asia, 1999)、『インドネシアの政治と学生：1998年学生運動の事例』(一橋大学大学院社会学研究科修士論文、1999)

アメリカの研究大学・大学院――大学と社会の社会学的研究　　＊定価はカバーに表示してあります

| 2008年2月15日 | 初　版　第1刷印刷 | 〔検印省略〕 |
| 2008年2月25日 | 初　版　第1刷発行 | |

編著者 ⓒ矢澤修次郎・伊藤毅　　発行者 下田勝司　　印刷・製本／中央精版印刷
東京都文京区向丘1-20-6　　郵便振替00110-6-37828
〒113-0023　TEL(03)3818-5521　FAX(03)3818-5514　　発行所 株式会社 東信堂

Published by TOSHINDO PUBLISHING CO., LTD
1-20-6, Mukougaoka, Bunkyo-ku, Tokyo, 1130-0023, Japan
http://www.toshindo-pub.com/　E-mail: tk203444@fsinet.or.jp

ISBN 978-4-88713-813-1　C3036　ⓒS. YAZAWA & T. ITO